EDC 28

Möglichkeiten und Grenzen der Anwendung von statistischen Konzentrationsmaßen in der Fusionskontrolle

Europäische Hochschulschriften
Publications Universitaires Européennes
European University Studies

Reihe V
Volks- und Betriebswirtschaft

Série V Series V
Sciences économiques, gestion d'entreprise
Economics and Management

Bd./Vol. 2466

PETER LANG
Frankfurt am Main · Berlin · Bern · New York · Paris · Wien

Wolfgang Nußkern

Möglichkeiten und Grenzen der Anwendung von statistischen Konzentrationsmaßen in der Fusionskontrolle

PETER LANG
Europäischer Verlag der Wissenschaften

Die Deutsche Bibliothek - CIP-Einheitsaufnahme

Nußkern, Wolfgang:

Möglichkeiten und Grenzen der Anwendung von statistischen Konzentrationsmaßen in der Fusionskontrolle / Wolfgang Nußkern. - Frankfurt am Main ; Berlin ; Bern ; New York ; Paris ; Wien : Lang, 1999
(Europäische Hochschulschriften : Reihe 5, Volks- und Betriebswirtschaft ; Bd. 2466)
Zugl.: Tübingen, Univ., Diss., 1998
ISBN 3-631-32318-2

Gedruckt auf alterungsbeständigem,
säurefreiem Papier.

D 21
ISSN 0531-7339
ISBN 3-631-32318-2

Printed in Germany 1 2 3 4 5 7

Inhaltsverzeichnis

Tabellenverzeichnis

Übersicht

Verzeichnis der Abbildungen

Symbolverzeichnis

ÄZ	Äquivalenzzahl
A,B	Konstanten
CCI	Horvath-Index
CR_k	Konzentrationsrate
D_k	transformierte mittlere Dominanz
D_k^A	Anstiegsindex
D_k^G	Unternehmensgrößenproportion
D_k^{hhi}	modifiziertes Hirschman-Herfindahl-Dominanzmaß
D_k^{HHI}	Hirschman-Herfindahl-Dominanzmaß
D_k^M	gemittelter Anstiegsindex
D_k^R	Rosenbluth-Dominanzmaß
D_k^S	Konzentrationskurvensehnenlänge
E	Exponentialindex
E_i	Ereignis i
E_j	Inner-Gruppen-Entropie der j-ten Gruppe beim Exponential-Index
E'	Gesamte Inner-Gruppen-Entropie beim Exponential-Index

Ex	Marktanteile der Exporte
E_0	Zwischen-Gruppen-Entropie beim Exponential-Index
G	Gleichheitsmaß
G_j	Unterehmensgruppe eines Wirtschaftszweiges
GR	Koeffizient von Grossack
H(i)	kumulierte relative Häufigkeit
H(P)	Entropie
H_i	Kumulierte relative Häufigkeiten
H_j	Entropie der j-ten Gruppe
H_0	Zwischen-Gruppen-Entropie
HHI	Hirschman-Herfindahl-Index
HHI_α	erweiterter Hirschman-Herfindahl-Index
HHI_k^{int}	interner Hirschman-Herfindahl-Index
HHI_k^{ext}	externer Hirschman-Herfindahl-Index
HHI_{ok}	Hirschman-Herfindahl-Index der großen Unternehmen
HHI_{uk}	Hirschman-Herfindahl-Index der kleinen Unternehmen
I	Rosenbluth-Index
I_k^{ext}	externer Rosenbluth-Index
Im	Marktanteile der Importe
k	Schwellenwerte
K	Konzentrationsgrad
K(x)	Konzentrationskurve
K^a	absolutes Konzentrationsmaß
K^r	relatives Konzentrationsmaß
K_{ok}	obere Konzentrationsfläche

K_{uk}	untere Konzentrationsfläche
L_i	Kumulierte relative Merkmalssummen
L_k	doppelt gemittelter Linda-Index
L_k^*	einfach gemittelter Linda-Index
M	Menge
M_0	Menge vor einem Zusammenschluß
M_1	Menge nach einem Zusammenschluß
M_A	Angebotsmenge
M_N	Nachfragemenge
M_o^i	obere Mittelwertfunktion
M_u^i	untere Mittelwertfunktion
m_{ij}	Anzahl der fachlichen Teile des Unternehmens i im Wirtschaftsbereich j
n	Zahl der Marktteilnehmer
n_G	Wettbewerbsmaß
p_i	Merkmalswert, Marktanteil eines Unternehmens
p_{ij}	Umsatz eines Unternehmens insgesamt
p_{ijk}	branchentypischer Umsatz eines Unternehmens
p_k	Summe der Umsätze aller Unternehmen
PR	Preis
PR_A	Angebotspreis
PR_N	Nachfragepreis
PR_0	Preis vor einem Zusammenschluß
PR_1	Preis nach einem Zusammenschluß
R	Gini-Koeffizient
R_{ext}	externer Gini-Koeffizient
R_{int}	interner Gini-Koeffizient
RH	Relative Entropie

$R(p)$	absolute Redundanz
$\bar{R}(p)$	relative Redundanz
S	Schutzkoeffizient
S_k	Länge der Konzentrationskurvensehne
$v_{i,k}$	Mittelwertverhältnis
v_{ok}	Variationskoeffizient der großen Unternehmen
v_{uk}	Variationskoeffizient der kleinen Unternehmen
Y_{ij}	Homogenitätsquote
Z_{ijk}	Marktanteilsquote
μ	Mittelwert einer Verteilung
σ^2	Varianz
α	Nachfrageelastizität
β	Angebotselastizität
ε_{M_j,PR_i}	Kreuzpreiselastizität
$\varepsilon(p_i)$	Maß von Hildebrand und Paschen
$\varphi(p_i)$, $\psi(p_i)$	Funktion von Merkmalswerten
$\Re$	Menge der reellen Zahlen

1. Aufbau und Vorhaben der Untersuchung: Ist der gleichzeitige Einsatz von mehreren statistischen Konzentrations- und Dominanzmaßen zur Präzisierung der Fusionsrichtlinien notwendig?

Die Fusionskontrolle beabsichtigt, die Entstehung von wettbewerbsgefährdenden Marktstrukturen durch Verbot von Unternehmenszusammenschlüssen, die solche Marktstrukturen begünstigen, zu verhindern. Die vorliegende Arbeit untersucht, ob die bestehenden Fusionsrichtlinien ausreichend sind, um die Entstehung von wettbewerbsgefährdenden Marktstrukturen durch Unternehmenszusammenschlüsse zu verhindern, oder ob sie mit statistischen Konzentrations- und Dominanzmaßen präzisiert werden sollten. Ziel der Arbeit ist es, die in der Fusionskontrolle auftretenden Ungenauigkeiten aufzuzeigen und Möglichkeiten zur Beseitigung dieser Ungenauigkeiten vorzuschlagen.

Insbesondere soll auf die Frage eingegangen werden, ob ein statistisches Konzentrationsmaß zur korrekten Erfassung von Marktstrukturen ausreicht, oder ob es nicht sinnvoller wäre, mehrere Maße gleichzeitig zu verwenden. Schwerpunktmäßig werden dabei die amerikanischen Fusionsrichtlinien und die Notwendigkeit ihrer Präzisierung untersucht, aber auch die europäische Fusionskontrollverordnung und das deutsche Gesetz gegen Wettbewerbsbeschränkungen (GWB) werden behandelt. Die Ausführungen sollen sich auf horizontale Unternehmenszusammenschlüsse beschränken.

Zur Beurteilung der Struktur eines Marktes wird sein Konzentrationsgrad gemessen. Dabei müssen zunächst die Marktanteile und die Anzahl der Unternehmen des relevanten Marktes ermittelt werden. Zur Quantifizierung dieser beiden Aspekte werden statistische Konzentrationsmaße verwendet. Zur Erfassung von teilmonopolistischen und teiloligopolistischen Strukturen muß die Stärke des Abfalls der Marktanteile des dominierenden Einzelunternehmens bzw. der Marktanteile der Unternehmen des Oligopolkerns zu den übrigen Unternehmen ermittelt werden können. Zur Quantifizierung dieses Aspekts werden statistische Dominanzmaße verwendet. Die wichtigsten Konzentrations- und Dominanzmaße werden vorgestellt und ihre Eignung für die Präzisierung der Fusionskontrolle untersucht.

Die Arbeit ist in sechs größere Teile gegliedert. In Kapitel 2 der vorliegenden Arbeit wird der statistische Konzentrationsbegriff, die Voraussetzungen für die statistische Konzentrationsmessung und wünschenswerte Eigenschaften für die Verwendung von Konzentrationsmaßen in der Wettbewerbspolitik dargestellt. Im Rahmen der Darstellung der Voraussetzungen für die statistische Konzentrationsmessung wird auch auf die Problematik der Abgrenzung relevanter Märkte und der Auswahl der Merkmale und Merkmalsträger eingegangen.

Im dritten Kapitel wird die Eignung von Konzentrationsmaßen zur Präzisierung der Fusionskontrolle untersucht.

Im vierten Kapitel wird die Eignung von Dominanzmaßen zur Präzisierung der Fusionskontrolle untersucht.

Das fünfte Kapitel analysiert die Notwendigkeit der Präzisierung der amerikanischen Fusionsrichtlinien. Anhand von Beispielen werden die Ungenauigkeiten der amerikanischen Fusionskontrolle aufgezeigt. Es wird die Frage beantwortet, welche wettbewerbsgefährdenden Marktkonstellationen entstehen können, ohne mit den Schwellenwerten der amerikanischen Fusionsrichtlinien in Konflikt zu geraten. Durch die Analyse weiterer Kriterien bei der Beurteilung von Unternehmenszusammenschlüssen wird das Problem untersucht, ob Unternehmenszusammenschlüsse per se schädlich sind aufgrund der Marktanteile der fusionsbeteiligten Unternehmen.

Das sechste Kapitel behandelt die EG-Fusionsrichtlinien.

Im siebten Kapitel schließlich wird die Notwendigkeit einer multikriteriellen Vorgehensweise bei der Fusionskontrolle verdeutlicht.

2. Konzentration und Wettbewerb

2.1. Der statistische Konzentrationsbegriff

2.1.1. Absolute und relative Konzentration

Die Konzentration eines quantitativ meßbaren Merkmals wird durch die Merkmalswertanteile $(p_1,...,p_n)$ und in einer vom entsprechenden Sachverhalt abhängigen Bezugszahl $n_o \geq n$ ausgedrückt. Diese Bezugszahl kann auf verschiedene Weisen interpretiert werden:

1.) Der Tatbestand einer starken Konzentration kann bereits dadurch gegeben sein, daß nur zwei Unternehmungen vorhanden sind, selbst, wenn diese gleichviel produzieren.[1] In diesem Zusammenhang kann n_0 als diejenige Anzahl von Merkmalsträgern interpretiert werden, auf die die Merkmalssumme gleichmäßig verteilt sein muß, damit vollständige Nichtkonzentration vorliegt.

2.) Nach Bruckmann[2] kann es häufig zu erhebungstechnischen Schwierigkeiten bei der Erfassung kleiner Merkmalsträger kommen. n kann somit als die Anzahl der tatsächlich erfaßten und n_0 als die geschätzte Anzahl der insgesamt vorhandenen Merkmalsträger interpretiert werden. Den n_o - n nicht erfaßten Merkmalsträgern würde man daher den Merkmalsbetrag 0 zuordnen.

3) Es ist in der Regel bei zeitlichen Vergleichen nicht damit zu rechnen, daß die Anzahl der Merkmalsträger konstant bleibt. Damit dieser Vergleich nicht fragwürdig wird, kann man eine gemeinsame Bezugszahl n_0 verwenden. Sei n_1 (n_2)

[1] Vgl. Münzner (1963), S.3
[2] Vgl. Bruckmann (1969), S.188

die Anzahl der Merkmalsträger zum Zeitpunkt 1 (Zeitpunkt 2), dann kann etwa n_0 als die größere der beiden Zahlen n_1 und n_2 definiert werden.[1]

Ein Konzentrationsmaß K soll den in einem (n+1)-Tupel $(n_o,p_1,...,p_n)$ ausgedrückten Konzentrationszustand durch eine einzige Zahl anschaulich wiedergeben.[2] In der statistischen Konzentrationsmessung werden dabei zwei Arten von Konzentration unterschieden: die absolute Konzentration (auch Konzentration im engeren Sinne) und die relative Konzentration (auch Disparität oder Ungleichheit). Absolute Konzentration liegt vor, wenn auf wenige Merkmalsträger ein großer Teil der Merkmalssumme entfällt, anders ausgedrückt, wenn absolut wenige Marktteilnehmer einen großen Marktanteil auf sich vereinigen.[3] Kellerer und Schaich legen den Begriff der absoluten Konzentration noch enger aus und fordern, daß bei Vorhandensein absoluter Konzentration die gesamte Merkmalssumme auf wenige Marktteilnehmer entfallen sollte.[4]

Die absolute Konzentration kann mit Hilfe der Konzentrationskurve dargestellt werden. Für die Merkmalsträger x = 1,2,..., gibt die Konzentrationskurve K(x) den kumulierten Merkmalswertanteil der x größten Merkmalsträger an. An der Konzentrationskurve kann man also den Marktanteil der x größten Unternehmen eines Marktes ablesen. Die absolute Konzentration ist bei Vorliegen eines Monopols am größten.

1 Vgl. Jöhnk (1970), S.3
2 Vgl. ebd., S.1
3 Vgl. Piesch / Schmidt (1983), S.20
4 Vgl. Kellerer / Schaich (1971), S.42

Abb.1 : Konzentrationskurve

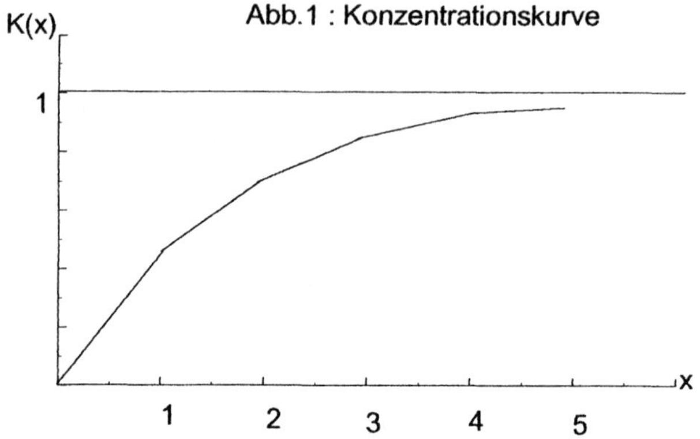

Relative Konzentration liegt vor, wenn auf einen kleinen Teil der Merkmalsträger ein großer Teil der Merkmalssumme entfällt bzw. wenn die Marktanteile ungleichmäßig auf die Marktteilnehmer verteilt sind, wie z.B. bei asymetrischer Verteilung der Marktanteile von Unternehmen innerhalb des Oligopolkerns.[1]

Die Disparität kann durch die Lorenzkurve dargestellt werden.[2] Ausgehend von dem kleinsten Merkmalsträger werden den kumulierten relativen Häufigkeiten H_i die kumulierten relativen Merkmalswerte L_i gegenübergestellt. Die Lorenzkruve gibt also den Marktanteil der x-Prozent kleinen Unternehmen bzw. den Marktanteil der y-Prozent großen Unternehmen an.[3] Auf der Lorenzkurve beruhende Disparitätsmaße sind der Gini-Koeffizient und der Schutz-Koeffizient. Der Gini-Koeffizient kann als das Verhältnis der Konzentrationsfläche zu der maximal erreichbaren Konzentrationsfläche interpretiert werden, der Schutz-Koeffizient als längste Lorenzkurvensehne.[4]

1 Vgl. Piesch / Schmidt (1983), S.20
2 Vgl. Lorenz (1905), S.209 ff.
3 Vgl. Piesch / Schmidt (1983), S.21
4 Vgl. Gini (1910)

Von einer Verwendung der Lorenzkurve in der Wettbewerbspolitik ist abzuraten, da sie lediglich die Ungleichheit der Verteilung erfaßt und die absolute Zahl der Marktteilnehmer nicht berücksichtigt. Fusionieren beispielsweise eine große Anzahl gleichgroßer Unternehmen zu einigen ebenfalls gleichgroßen Unternehmen, erfaßt die Lorenzkurve diesen Vorgang nicht. Kommt es innerhalb einer Branche durch Unternehmenszusammenschlüsse zu einer abnehmenden Anzahl an Marktteilnehmern und zu einer gleichmäßigeren Größenverteilung, kann die Lorenzkurve sogar eine abnehmende Konzentration statt einer steigenden Konzentration anzeigen.

Abb.2 : Lorenzkurve

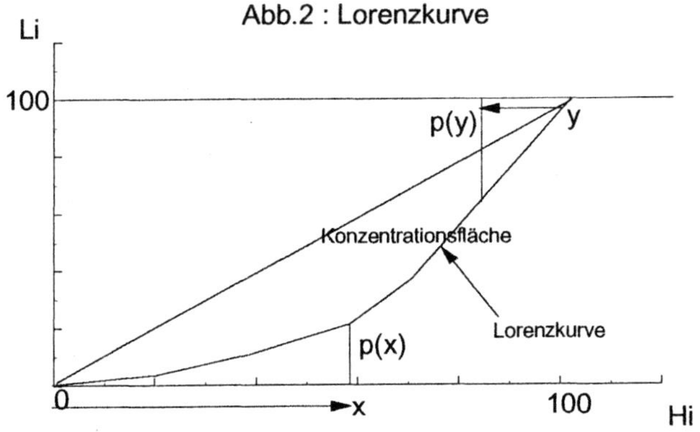

Die im Rahmen der statistischen Konzentrationsmessung verwendeten Konzentrationsbegriffe müssen präzisiert werden, da nicht genau festgelegt wurde, was unter "wenigen Merkmalsträgern" im Zusammenhang mit absoluter Merkmalssumme auf die Merkmalsträger und unter "ungleichmäßiger Aufteilung" im Zusammenhang mit relativer Konzentration zu verstehen ist. Münzner versuchte, die statistischen Konzentrationsbegriffe durch Definieren der vollständigen Konzentration und der vollständigen Nichtkonzentration zu präzisieren.[1]

1 Vgl. Münzner (1963), S.1 ff.

2.1.2. Vollständige Konzentration und vollständige Nichtkonzentration

Von vollständiger Konzentration wird gesprochen, wenn der gesamte Merkmalsbetrag auf einen einzigen Merkmalsträger entfällt, d.h. wenn ein Unternehmen einen Marktanteil von 100% erreicht. Eine Situation, in der beispielsweise ein Unternehmen die gesamte Automobilindustrie eines Landes auf sich vereinigt, ist somit eindeutig gekennzeichnet.

Vollständige Nichtkonzentration liegt vor, wenn der gesamte Merkmalsbetrag gleichmäßig auf alle Merkmalsträger verteilt ist. Relative Konzentrationsmaße zeigen in diesem Fall keine Disparität an; es ist jedoch aus wettbewerbstheoretischer Sicht unterschiedlich zu beurteilen, ob beispielsweise zwei Unternehmen jeweils 50% der Automobilproduktion eines Landes auf sich vereinigen, oder ob die Automobilproduktion eines Landes auf 50 Unternehmen mit einem Marktanteil von jeweils 2% verteilt ist. Die Konzentration eines Marktes wird somit von der Anzahl der Marktteilnehmer beeinflußt.

Zur exakten Definition der Anzahl der Merkmalsträger bei vollständiger Nichtkonzentration führt Münzner einen zusätzlichen Parameter ein: "Dieser Parameter, der hier mit n_0 bezeichnet werden soll, ist die Anzahl der Träger, auf die die Objekte gleichmäßig verteilt sein müssen, damit der Sachverhalt völliger Nichtkonzentration auch wirklich erfüllt ist."[12] Ist die wünschenswerte Anzahl von Merkmalsträgern größer als die Anzahl der tatsächlich existierenden Merkmalsträger (n_0>0), werden zu den tatsächlich existierenden Merkmalsträgern n_0-n potentielle Merkmalsträger hinzugefügt, denen der Merkmalswert Null zugeordnet wird.

1 Vgl. Münzner (1963), S.3 f.

2 Vgl. Abschnitt 2.1.1. der vorliegenden Arbeit

Die Bestimmung der Anzahl an wünschenswerten Merkmalsträgern bereitet in der Realität häufig erhebliche Schwierigkeiten, da beispielsweise die Frage, auf wie viele Unternehmen mit gleichem Marktanteil sich die Automobilproduktion eines Landes verteilen müßte, damit nicht mehr von einer Konzentration in dieser Branche gesprochen werden kann, nicht eindeutig zu beantworten ist.[1] Der Versuch einer Definition einer vollständigen Nichtkonzentration muß deshalb als bedenklich betrachtet werden.

2.1.3. Konzentration und Konzentrationsprozeß

Konzentration kann als Zustand oder Prozeß aufgefaßt werden.

Betrachtet man Konzentration als Zustand, versucht man den Konzentrationsgrad eines Marktes zu einem bestimmten Zeitpunkt anhand eines Konzentrationsmaßes zu messen, z. B. die Marktanteile der Automobilhersteller in der BRD im Jahr 1990.[2]

Betrachtet man die Konzentration als Prozeß, versucht man die Veränderung der Konzentration im Zeitablauf zu messen (dynamische Konzentration), z. B. die Veränderung der Marktanteile der Automobilhersteller in der BRD zwischen 1970 und 1990. Bei der komparativ-statischen Analyse wird der Konzentrationsgrad am Anfang und am Ende des zu untersuchenden Zeitraums ermittelt, z. B. die Marktanteile der Automobilhersteller in der BRD in den Jahren 1970 und 1990. Weichen die beiden erhaltenen Werte voneinander ab, kann man auf eine Konzentrationsänderung schließen. Bei der dynamischen Analyse werden in jeder Phase des Zeitablaufs Konzentrationsänderungen durch Ein- und Austritte von

1 Vgl. Münzner (1963), S.4
2 Vgl. Bruckmann (1991), S.189 ff.

Marktteilnehmern, durch Fusionen von Unternehmen eines Marktes oder durch Verselbständigung von Teilbereichen eines Unternehmens erfaßt.[1]

Zur statistischen Kennzeichnung von Konzentrationsprozessen bieten sich zunächst Zeitreihen von Konzentrationskoeffizienten an. Dabei bleibt allerdings die mehr oder minder große Veränderung der Stellung der einzelnen Merkmalsträger innerhalb der im Zeitablauf betrachteten Verteilung unberücksichtigt. Unter Mobilität versteht man Veränderungen in der Rangordnung der Unternehmen einer Branche, also ob beispielsweise stets dasselbe Unternehmen den größten Marktanteil auf sich vereinigt, oder ob das Unternehmen mit dem größten Marktanteil ständig wechselt. Diese Mobilität sollte in die Messung von Konzentrationsprozessen eingehen, da es bei einem Konzentrationsprozeß anders zu beurteilen ist, wenn etwa der Träger des größten Variablenwertes laufend wechselt, als wenn die Unternehmung mit dem größten Umsatz immer dieselbe bleibt.[2]

1 Vgl. Kellerer / Schaich (1971), S.45
2 Vgl. König (1961), S.386

2.2. Voraussetzungen für die statistische Konzentrationsmessung

2.2.1. Abgrenzung des relevanten Marktes

Zur Ermittlung von Wettbewerbsbeschränkungen muß der relevante Markt zunächst sachlich, räumlich und zeitlich abgegrenzt werden. Bei der sachlichen Marktabgrenzung kann man von technisch-physikalischen Kriterien oder vom Verhalten der Nachfrager ausgehen.

Nach Marshall werden alle Unternehmen einem Markt zugeordnet, die technisch-physikalisch gleichartige Güter produzieren.[1] Von einer Verwendung dieses Konzeptes in der Wettbewerbspolitik muß abgeraten werden, da für den Wettbewerbsprozeß nicht die technisch-physikalische, sondern die wirtschaftliche Homogenität der Güter maßgeblich ist.[2]

Das in verschiedenen Varianten entwickelte Substitutionskonzept geht vom Verhalten der Nachfrager aus und untersucht die Enge der Substitutionsbeziehungen von Gütern bei der Befriedigung von Bedürfnissen.

Nach dem Bedarfsmarktkonzept von Arndt bzw. Abbott werden Güter demselben Markt zugeordnet, wenn sie dieselben Grundbedürfnisse[3] bzw. dieselben gesellschaftlichen Bedürfnisse[4] befriedigen.

Robinson geht davon aus, daß alle Konsumgüter in totaler Konkurrenz untereinander stehen.[5] Jedes Konsumgut konkurriert mit jedem anderen um die

1 Vgl. Marshall (1956), S.84 f.
2 Vgl. Schmidt (1990a), S.46
3 Vgl. Arndt (1958), S.224
4 Vgl. Abbott (1958), S.96

Kaufkraft der Konsumenten; die Konsumgüter bilden somit eine ununterbrochene Kette von Substituten, die jedoch von Subsitutionslücken unterbrochen werden kann. Mit einer solchen Substitutionslücke werden zwei relevante Märkte voneinander abgegrenzt. Bei der Anwendung dieses Konzeptes macht sich negativ bemerkbar, daß Substitutionslücken oft gar nicht bestimmt werden können, z. B. bei Autobahntankstellen.[2]

Von Stackelberg grenzt den relevanten Markt durch Konstruktion eines vollkommenen Elementarmarktes ab. Jeder unvollkommene Markt kann in vollkommene Elementarmärkte aufgeteilt werden und vice versa kann der unvollkommene Markt aus unvollkommenen Elementarmärkten aufgrund der zwischen diesen Elementarmärkten bestehenden Substitutionsbeziehungen konstruiert werden.[3]

Nach dem Konzept der externen Interdependenz von Triffin wird ein Markt abgegrenzt, indem Unternehmen, die durch wechselseitige Abhängigkeiten beim Verkauf von Gütern miteinander verbunden sind, demselben Markt zugeordnet werden. Hierzu wird die relative Veränderung der von einem Unternehmen i verkauften Gütermenge $\frac{dM_j}{Mj}$ zu der sie verursachenden relativen Preisänderung $\frac{dPRi}{PR_i}$ für dieses Gut bei einem Unternehmen i in Beziehung gesetzt:[4]

(2.1) $$\varepsilon_{M_j,PR_i} = \frac{\frac{dM_j}{M_j}}{\frac{dPR_i}{PR_i}}$$

Diese Größe gibt also die Preiselastizität an.

1 Vgl. Robinson (1969), S.4 f.
2 Vgl. Herdzina (1991), S.81
3 Vgl. Stackelberg (1934), S.29 ff.
4 Vgl. Triffin (1940), S.93 ff.

Ein entscheidender Nachteil dieses Konzeptes besteht darin, daß marktmächtige Unternehmen durch Preisänderungen die Zuordnung ihrer Güter zu Märkten beeinflussen können. Außerdem muß die Nicht-Berücksichtigung der übrigen Güter und des Nicht-Preiswettbewerbs bemängelt werden.[1]

Das Konzept der Wirtschaftspläne muß als subjektive Methode der Marktabgrenzung angesehen werden: nach Schneider sollte ein Markt abgegrenzt werden, wenn ein Unternehmen in seinem Wirtschaftsplan damit rechnet oder weiß, daß eine Absatzmenge nicht nur von der Größe der eigenen Aktionsparameter und dem Nachfragerverhalten, sondern auch von den Aktionsparametern anderer Anbieter abhängt.[2]

Für das Ergebnis der Konzentrationsmessung ist die Exaktheit der zugrundegelegten Marktabgrenzung von ausschlaggebender Bedeutung: wird der Markt zu eng abgegrenzt, ist die gemessene Konzentration zu hoch, wird der Markt zu weit abgegrenzt, ist die gemessene Konzentration zu niedrig.

2.2.2. Auswahl der Merkmale

Vor der Durchführung einer statistischen Konzentrationsanalyse muß zum einen die Größe bestimmt werden, für die die Konzentration ermittelt werden soll, zum anderen muß ein statistisch meßbares Merkmal festgelegt werden für die Größe der Unternehmen.[3]

1 Vgl. Schmid (1965), S.456
2 Vgl. Schneider (1972), S.68
3 Vgl. Arndt / Ollenburg (1971), S.25 ff.; Kellerer / Schaich (1971), S.46 ff.; Fürst (1960), S.85 ff.; Baum (1976), S.33 ff.

Als Konzentrationsmerkmal kann beispielsweise die Einsatzmenge des Produktionsfaktors Arbeit verwendet werden. Wird die Konzentration von Unternehmen etwa mit Hilfe der Anzahl der in ihnen tätigen Beschäftigten gemessen, so gehen in die Konzentrationsanalyse auf der Basis dieses Merkmals die vielleicht unterschiedlichen Automatisierungsgrade in den einzelnen Produktionsbetrieben ein.[1] Insbesondere der Vergleich lohn- und kapitalintensiver Branchen dürfte wenig aussagekräftig sein.

Tab. 1: Merkmale in der Messung der Unternehmenskonzentration

Inputgrößen	Outputgrößen	Finanzwirtschaftliche Größen
Zahl der Beschäftigten	Produktionsmenge	Ertragswert
eingesetztes Kapital	Umsatz	Substanzwert
eingesetzte Rohstoffe	Nettoproduktionswert	Börsenwert
	Angebotsfähigkeit	

Die Verwendung des eingesetzten Kapitals als Konzentrationsmerkmal kann zu einer Unterschätzung des tatsächlichen Konzentrationsgrades führen, da beispielsweise im Rahmen eines horizontalen Konzernes ein rechtlich selbständiges Unternehmen auch mit geringem Mitteleinsatz vollständig beherrscht werden kann. Das eingesetzte Kapital kann zwar anhand von Bilanzen einfach bestimmt werden, die Aussagefähigkeit des eingesetzten Kapitals als Konzentrationsmerkmal kann jedoch durch unterschiedliche Bewertungsverfahren bei der Erstellung der Bilanzen und durch ungenaue Abgrenzung und Zuordnung der Werte auf die Konzentrationseinheiten beeinträchtigt werden.[2]

1 Vgl. Kellerer / Schaich (1971), S.47
2 Vgl. Baum (1976), S.36

Die Wahl der eingesetzten Rohstoffe als Konzentrationsmerkmal ist ebenfalls problematisch, da infolge von unterschiedlichen Produktionsverfahren die Produktivitätsgrade der Marktteilnehmer erheblich voneinander abweichen können.[1]

Ein erheblicher Nachteil bei der Verwendung der Produktionsmenge als Konzentrationsmerkmal ist die Nicht-Berücksichtigung des unterschiedlichen Wertes der produzierten Einheiten. Zur Konzentrationsmessung in Branchen mit homogenen Gütern (z. B. in der Grundstoffindustrie) kann das Produktionsergebnis oder die Produktionskapazität eingesetzt werden.[2] Bei der Produktionskapazität werden im Gegensatz zur Produktionsmenge oder dem Produktionsergebnis saisonale oder konjunkturelle Beschäftigungsschwankungen ausgeschaltet.[3] Produktionskapazitäten sind als Konzentrationmerkmal jedoch nur von geringer Bedeutung, weil geeignete Daten häufig fehlen und ökonomisch sinnvolle Kapazitätsgrenzen variabel sind.[4] In Branchen mit heterogenen Gütern (z.B. in der Automobilindustrie) müssen die Produktionsmengen der einzelnen Güterarten mit Indices gewichtet und aggregiert werden, um als Konzentrationsmerkmal verwendet werden zu können. Nachteilig bemerkbar macht sich hierbei die äußerst problematische Indizierung von differenzierten Produktionsprogrammen der Unternehmen und die Wahl geeigneter Indices für neue oder qualitativ verbesserte Produkte.[5]

Der Output eines Unternehmens kann durch Mengen- und Wertgrößen gemessen werden. Die Entscheidung für eine Mengen- oder Wertgröße sollte von den Eigenschaften des relevanten Marktes abhängig sein. Besteht der relevante Markt aus einem einzigen homogenen Produkt, führen Mengen- und Wertgrößen zu

1 Vgl. Arndt / Ollenburg (1971), S.26
2 Vgl. ebd., S.26 f.
3 Vgl. Kellerer / Schaich (1971), S.46
4 Vgl. Baum (1976), S.37
5 Vgl. ebd., S.36 f.; Arndt / Ollenburg (1971), S.27

demselben Ergebnis. Besteht der relevante Markt hingegen aus einem heterogenen Produkt, ist eine Marktanteilsmessung mit Hilfe von Wertgrößen vorzuziehen, da Wertgrößen besser die Bewertung der Produkte durch die Verbraucher wiedergeben .[1]

Der Haupteinwand gegen die Verwendung des Umsatzes als Konzentrationsmerkmal besteht in der Nicht-Berücksichtigung der vertikalen Integration, d. h. es wird nur der Wert der verkauften Waren erfaßt, nicht aber der Wert der innerhalb desselben Unternehmens weiterverarbeiteten Waren.[2] Dadurch kommt es zu unerwünschten Doppelzählungen der Leistungen vorgelagerter Stufen.[3]

Ein weiterer gravierender Nachteil des Umsatzes als Konzentrationsmerkmal ist die Vernachlässigung des Außenhandels. Es wäre zu überlegen, ob die Unternehmenskonzentration stattdessen nicht anhand von Marktanteilen gemessen werden sollte. In der amtlichen Statistik werden die Importe einzelner Branchen und die Exporte der Unternehmen nicht in der erforderlichen Genauigkeit ausgewiesen, so daß der korrekte Marktanteil eines Unternehmens nicht ermittelt werden kann. Die Monopolkommission zieht statt des Marktvolumens als Bezugsgröße für den Umsatz eines Unternehmens die Summe der Umsätze aller Unternehmen einer Branche heran.[4] Durch die Nicht-Berücksichtigung der Importe und der Exporte kommt es zu Unter- bzw. Überschätzungen der Unternehmenskonzentration. Die Nicht-Berücksichtigung der Importe führt in Branchen mit hohen Importquoten zu einer Unterschätzung der Unternehmenskonzentration, da Importe das Marktvolumen erhöhen; die Nicht-Berücksichtigung der Exporte bewirkt in Branchen mit

[1] Vgl. Ordover / Willig (1982), S.560
[2] Vgl. Fürst (1960), S.87 f.
[3] Vgl. Marfels (1977), S.23
[4] Vgl. Monopolkommission (1976), Tz. 1948

hohen Exportquoten eine Überschätzung der Unternehmenskonzentration, da Exporte das Marktvolumen vermindern.[1]

Der Nettoproduktionswert wird in der Literatur als "unbestritten optimales wertmäßiges Merkmal für die Unternehmensgröße angesehen."[2] Durch die Erfassung des auf jeder Produktionsstufe erzielten Mehrwerts vermeidet der Nettoproduktionswert im Gegensatz zum Umsatz unerwünschte Doppelzählungen und berücksichtigt die vertikale Integration. Der unterschiedliche Wert der produzierten Einheiten wird ebenfalls vom Nettoproduktionswert reflektiert.[3] Ein Nachteil des Nettoproduktionswertes ist seine aufwendige statistische Ermittlung: der Nettoproduktionswert kann lediglich indirekt als Differenz zwischen dem Bruttoproduktionswert und der von anderen Unternehmen bezogenen Güter und Leistungen berechnet werden. Darüber hinaus bestehen Unterschiede bei der Berücksichtigung von indirekten Steuern: während in der deutschen Statistik indirekte Steuern im Nettoproduktionswert enthalten sind, werden sie in der nordamerikanischen Statistik vernachlässigt.[4]

Auf Märkten, die durch öffentliche Ausschreibungen für anhaltende Nachfrageerhöhungen gekennzeichnet sind,[5] (Beispiele: Vertrieb von Erdgas, Bau von Autobahnen, Verkauf von Waffensystemen), ist es sinnvoll, jedem qualifizierten Ausschreibungsteilnehmer einen gleich großen Marktanteil zuzuordnen, da jedes Unternehmen gleich fähig ist, sich für neue Aufträge zu bewerben.

1 Vgl. Monopolkommission (1976), Tz. 149
2 Vgl. Marfels (1977), S.23
3 Vgl. Kellerer / Schaich (1971), S.47
4 Vgl. Marfels (1977), S.24
5 Vgl. United States v. El Paso Natural Gas Co. , 376 U. S., S.651 (1964)

Nehmen z. B. 12 qualifizierte Unternehmen an einer Ausschreibung teil, sollte jedem Unternehmen ein Marktanteil von 8,5% zugeordnet werden, ohne die tatsächlichen aktuellen Umsätze zu berücksichtigen, die Ergebnisse vergangener Ausschreibungen sind.

Voraussetzung für die Anwendbarkeit dieses Ansatzes ist, daß jeder Ausschreibungsteilnehmer über eine für die Ausschreibung des Auftrages ausreichende oder erweiterbare Kapazität verfügt.[1]

Unter dem Substanzwert versteht man die Summe der Vermögensgegenstände eines Unternehmens abzüglich der Verbindlichkeiten. Von einer Verwendung des Substanzwertes als Konzentrationsmerkmal ist abzuraten, da seine statistische Ermittlung mit erheblichen Schwierigkeiten verbunden ist. Die Annahme der direkten Abhängigkeit der Marktmacht eines Unternehmens von seiner Finanzierungsstruktur erscheint zudem wenig plausibel.[2]

Der Ertragswert muß ebenfalls als wenig geeignet für die Verwendung als Konzentrationsmerkmal betrachtet werden, da keine übereinstimmende Methode zu seiner Berechnung vorhanden ist. Die Aussagefähigkeit von Ertragswerten ist beschränkt, denn die Ursache von hohen Ertragswerten kann nicht eindeutig festgestellt werden. Hohe Ertragswerte können auf dem Mißbrauch ökonomischer Macht, auf Allokationsvorteilen oder auf vorübergehenden zeitlichen Vorsprüngen beruhen.[3]

Im Gegensatz zur Ermittlung des Substanz- oder des Ertragswertes ist die Ermittlung des Börsenwertes unproblematisch. Für die Verwendung als Konzentrations-

1 Vgl. ABA Antitrust Section (1986), S.158 f.
2 Vgl. Baum (1976), S.40
3 Vgl. ebd., S.40 f.

merkmal ist der Börsenwert jedoch ebenfalls wenig geeignet. Der Börsenwert einer Aktie ist nicht Ausdruck der Marktmacht des jeweiligen Unternehmens, er reflektiert vielmehr die Ertragserwartungen der Kapitalmarktteilnehmer. Zufällige Schwankungen des Börsenkurses können durch Bildung eines Durchschnittskurses eines längeren Zeitraums ausgeschaltet werden.[1]

2.2.3. Auswahl der Merkmalsträger

Für wettbewerbspolitische Fragestellungen im Rahmen von Konzentrationsuntersuchungen wird in der Regel das Unternehmen als Merkmalsträger gewählt. Der in der deutschen Industriestatistik verwendete Unternehmensbegriff als kleinste bilanzierende Einheit[2] tendiert zu einer Unterschätzung des tatsächlichen Konzentrationsgrades. Unternehmensverflechtungen in Form von Konzernen, also in Form von rechtlich selbständigen Unternehmen, die aufgrund der Besitzverhältnisse als wirtschaftliche Einheit betrachtet werden müssen, können nicht erfaßt werden.[3] Als Merkmalsträger der Unternehmenskonzentration sollten somit nur wirtschaftlich selbständige Unternehmen herangezogen werden.[4]

Ein weiterer Faktor, der eine ungenaue Messung des tatsächlichen Konzentrationsgrades bewirkt, ist das bei Unternehmen mit heterogener Produktionsstruktur angewendete Schwerpunktprinzip. Entsprechend dem Schwerpunktprinzip werden alle von einem Unternehmen erzeugten Produktarten der Branche zugeordnet, in der der Schwerpunkt der wirtschaftlichen Aktivitäten des Unternehmens liegt; eigentlich müßten sie jedoch verschiedenen Branchen zugeordnet werden.[5] Für

1 Vgl. Hart / Prais (1956), S.176
2 Vgl. Werner (1965), S.42
3 Vgl. Kellerer / Schaich (1971), S.50
4 Vgl. Marfels (1977), S.18
5 Vgl. Zwer (1986), S.47

statistische Erhebungen wird als Kriterium für die Zuordnung eine kapitalmäßige Beteiligung von mindestens 50% herangezogen.[1]

Eine genaue Messung kann mit der Homogenitätsquote (auch Spezialisierungskoeffizient) und der Marktanteilsquote (auch Überschneidungskoeffizient) durchgeführt werden.[2]

Das Verhältnis Y_{ij} des branchentypischen Umsatzes p_{ijj}=j eines Unternehmens i, das in der Branche j seinen Schwerpunkt hat, zu dessen Aktivitäten insgesamt (P_{ij}) ist die Homogenitätsquote:

$$(2.2) \qquad Y_{ij} = \frac{p_{ij j=j}}{P_{ij}} \qquad P_{ij} = \sum_{k=1}^{m_{ij}} p_{ijk} \qquad \begin{array}{l} 1 \leq i \leq n_j \\ 1 \leq j \leq m \\ 1 \leq k \leq m_{ij} \end{array}$$

Der erste Index i kennzeichnet das betreffende Unternehmen, der zweite Index j den Wirtschaftsbereich, in dem dieses Unternehmen seinen Schwerpunkt hat, der dritte Index k den Wirtschaftsbereich, in dem das Unternehmen fachliche Teile besitzt; m_{ij} kennzeichnet die Anzahl der fachlichen Teile des Unternehmens i im Wirtschaftsbereich j, p_{ijk} den Merkmalswert dieses Unternehmens im fachlichen Teil k, P_{ij} die entsprechende Merkmalssumme über alle m_{ij} fachlichen Teile und n_j die Anzahl der Unternehmen mit Schwerpunkt im Wirtschaftsbereich j.[3]

Als Marktanteilsquote bezeichnet man das Verhältnis der branchentypischen Umsätze (Z_{ijk}=j) eines Unternehmens, das in einer Branche j seinen Schwerpunkt hat,

1 Vgl. Canada (1968), S.8; Bundesrepublik Deutschland, Deutscher Bundestag (1964), S.15

2 Vgl. Monopolkommission (1992), S.7 ff., Marfels (1977), S.30 f.

3 Vgl. Monopolkommission (1992), S.8

zur Summe (P_k) der Umsätze aller Unternehmen, die unabhängig davon, in welcher Branche diese ihren Schwerpunkt haben - über fachliche Teile in der gleichen Branche k verfügen:

$$(2.3) \qquad Z_{ijk=j} = \frac{p_{ijj=j}}{P_k} \qquad P_k = \sum_{j=1}^{m} \sum_{i=1}^{n_j} p_{ijk} \qquad \begin{matrix} 1 \leq i \leq n_j \\ 1 \leq j \leq m \\ 1 \leq k \leq m_{ij} \end{matrix}$$

Stehen bei einer Konzentrationsuntersuchung eher technische Aspekte wie z. B. die Auswirkungen von Produktionsverfahren oder economies of scale im Mittelpunkt des Interesses, wird im allgemeinen der Betrieb als Merkmalsträger gewählt.[1] In der deutschen Industriestatistik wird dabei zwischen dem Betrieb als "örtlicher Einheit" und dem Betrieb als "Arbeitsstätte" unterschieden.[2]

Bei der Ermittlung des tatsächlichen Konzentrationsgrades macht sich wiederum das Schwerpunktprinzip nachteilig bemerkbar. Ein Ansatz zur Lösung dieses Problems ist die Aufteilung der Unternehmen in fachliche Unternehmensteile (unconsolidated enterprise concept) bzw. die Aufteilung der Betriebe in fachliche Betriebsteile (establishment concept). Diese beiden Konzepte ermöglichen eine klare branchenmäßige Zuordnung der Unternehmen. Als Nachteil muß das gleichzeitige Auftreten eines Unternehmens in mehreren Branchen hingenommen werden. Das Statistische Amt der Europäischen Gemeinschaften[3] definiert einen fachlichen Unternehmensteil als "Unternehmen, oder die - unter Umständen räumlich getrennten - Unternehmensteile, die ein und dieselbe, durch die Art der hergestellten Güter oder Dienstleistungen oder durch die Gleichförmigkeit des

1 Vgl. Marfels (1977), S.17 f.

2 Vgl. Werner (1965), S.42 f.

3 Vgl. Statistisches Amt der Europäischen Gemeinschaften (1970), S.22

Produktionsprozesses charakterisierte und anhand einer Systematik der Wirtschaftszweige definierte Tätigkeit ausüben."

Nimmt ein Land eine Aufteilung der Unternehmen in fachliche Unternehmensteile nach der Art der Güter und ein anderes Land nach dem Produktionsprozeß vor, können internationale Vergleiche nicht durchgeführt werden.[1] Die Aufteilung eines Unternehmens in fachliche Unternehmensteile impliziert, daß durch Aggregation der Merkmale aller fachlichen Unternehmensteile die Merkmale des Unternehmens selbst gewonnen werden können. Dieser Zusammenhang ist jedoch unzutreffend, wenn z. B. ein Unternehmen in Produktionsbereiche aufgegliedert wird, andere Bereiche wie Verwaltung oder Forschung und Entwicklung hingegen vernachlässigt werden. Ein einzelner fachlicher Unternehmensteil kann auf verschiedene Orte verteilt sein. Da die geographische Lage eines fachlichen Unternehmensteils also nicht berücksichtigt wird, ist bei Verwendung des unconsolidated enterprise-Konzeptes eine korrekte statistische Ermittlung der Konzentration in einer bestimmten Region nicht möglich.

Die Vereinten Nationen empfahlen, den fachlichen Betriebsteil als Merkmalsträger zu verwenden.[2] Sie unterscheiden dabei zwischen einem idealtypischen und gattungsbegrifflichen fachlichen Betriebsteil. Letzterer ist gekennzeichnet durch die Produktion einer möglichst homogenen Gruppe von Sachgütern und / oder Dienstleistungen, durch die Durchführung dieser Produktion an einem Ort und durch das Vorliegen getrennter Aufzeichnungen.[3]

1 Vgl. Zwer (1986), S.51 f.
2 Vgl. United Nations (1968), S.12 f.
3 Vgl. Zwer (1986), S.52

2.3. Die Frage der Existenz eines kritischen Konzentrationsgrades

Von entscheidender Bedeutung für die Wettbewerbspolitik ist die Frage der Existenz eines Zusammenhangs zwischen Marktstruktur und Marktergebnis. Es geht dabei um das Problem, ob eine Korrelation zwischen der Konzentration und dem Gewinn besteht (Marktkonzentrationsdoktrin). Die Marktkonzentrationsdoktrin besagt, daß es in konzentrierten Märkten leichter ist, wettbewerbsbeschränkende Absprachen zu treffen.[1] Vertreter der Industrial Organization School versuchten mit Hilfe von empirischen Untersuchungen einen Zusammenhang zwischen der Konzentrationsrate und dem Gewinn festzustellen, d.h. sie unterstellen implizit, daß es ab bestimmten Marktanteilen zu wettbewerbsgefährdendem Verhalten durch Preis- abstimmung und überhöhten Gewinnen kommt.

Bain versuchte in einer Pionierstudie im Jahr 1951 durch eine Untersuchung von 42 Branchen mit insgesamt 235 Unternehmen über den Zeitraum von 1936 - 1940 einen Zusammenhang zwischen der Konzentrationsrate und dem Gewinn zu ermitteln.[2] Er kam zu dem Ergebnis, daß die Gewinne in Branchen mit Acht-Firmen-Konzentrationsraten von über 70% signifikant höher sind als in Branchen mit geringerer Konzentration. Das bedeutet, daß ab diesem Konzentrationsgrad aufgrund der oligopolistischen Interdependenz der größten Unternehmen abrupt ein nicht wettbewerbliches Verhalten einsetzt, und nicht ein allmählicher Übergang von wettbewerblichem zu nicht-wettbewerblichem Verhalten.

[1] Vgl. Demsetz (1978), S.330-349
[2] Vgl. Bain (1951), S.293 ff.

Zahlreiche Untersuchungen unterstützten diese Hypothese. Collins / Preston[1], Kamerschen[2] und Kilpatrick[3] verzeichneten statt eines kritischen Konzentrationsgrades einen kontinuierlichen positiven Zusammenhang zwischen Konzentration und Gewinn.

Dalton / Penn[4] ermittelten hingegen eine Vier-Firmen-Konzentrationsrate von 45% und eine Acht-Firmen-Konzentrationsrate von 60%, Kwoka[5] eine Zwei-Firmen-Konzentrationsrate von 35%, Meehan / Duchesneau[6] eine Vier-Firmen-Konzentrationsrate von 55% und eine Acht-Firmen-Konzentrationsrate von 70%, Sant[7] eine Vier-Firmen-Konzentrationsrate von 47%, Schwartzman[8] und Rhoades / Cleaver[9] eine Vier-Firmen-Konzentrationsrate von jeweils ca. 50%, Stigler[10] eine Vier-Firmen-Konzentrationsrate von 80% und White[11] eine Vier-Firmen-Konzentrationsrate von 56% - 59%.

Diese Untersuchungen stimmen dahingehend überein, daß es kritische Konzentrationsgrade gibt, bei deren Überschreiten ein Eingriff aufgrund des wettbewerbsgefährdenden Verhaltens der größten Unternehmen erforderlich wird. Einige später erschienene Untersuchungen dementierten die Existenz eines kritischen Konzentrationsgrades: Geithman, Marvel und Weiss untersuchten die Auswirkung der Konzentration auf das Preisniveau auf drei verschiedenen Märkten - dem

1 Vgl. Collins / Preston 1968
2 Vgl. Kamerschen (1969), S.293 ff.
3 Vgl. Kilpatrick (1967), S.258 ff.
4 Vgl. Dalton / Penn (1976), S.33 ff.
5 Vgl. Kwoka (1979), S.101 ff.
6 Vgl. Meehan / Duchesneau (1973), S.21 ff.
7 Vgl. Sant 1978
8 Vgl. Schwartzman (1959), S.352 ff.
9 Vgl. Rhoades / Cleaver, Joe M.(1973), S.90 ff.
10 Vgl. Stigler (1968), S.59
11 Vgl. White (1976), S.61 ff.

steuerfreien Rentenmarkt, dem Benzinmarkt und dem Lebensmittelmarkt.[1] Für den steuerfreien Rentenmarkt ermittelten sie eine kritische Vier-Firmen-Konzentrationsrate von 50%, für den Benzinmarkt eine Vier-Firmen-Konzentrationsrate von ebenfalls 50% oder eine Zwei-Firmen-Konzentrationsrate von 35% und für den Lebensmittelmarkt überhaupt keine kritische Konzentrationsrate. Geithman, Marvel und Weiss folgerten daraus zurecht, daß in den meisten Fällen die Existenz eines einzigen kritischen Konzentrationsgrades unzutreffend ist. Die Tendenz zur Bildung von Absprachen hängt außer von der Konzentration von zahlreichen weiteren Einflußfaktoren an. Diese Einflußfaktoren sind von Branche zu Branche verschieden, es gibt also keinen einheitlichen kritischen Konzentrationsgrad für alle Märkte. Bradburd und Over ermittelten sogar zwei verschiedene Konzentrationsgrade.[2]

1 Vgl. Geithman / Marvel / Weiss (1981), S.346 ff.

2 Vgl. Bradburd / Over (1981), S. 50 ff.

2.4. Wünschenswerte Eigenschaften von Konzentrationsmaßen

Konzentrationsmaße sollten bestimmte Eigenschaften erfüllen, um für wettbewerbspolitische Zwecke sinnvoll eingesetzt werden zu können.

2.4.1. Unabhängigkeit vom Durchschnitt

Allgemeine Konzentrationsmaße sollen nicht von absoluten Merkmalswerten, sondern nur von relativen Merkmalssummen abhängen. Auf eine proportionale Veränderung der Zahl der auf die einzelnen Trägereinheiten entfallenden Merkmalseinheiten soll ein Konzentrationsmaß nicht reagieren, es soll nur von den auf den Trägereinheiten entfallenden Anteilen aller Merkmalswerte am gesamten Merkmalsbetrag abhängig sein.[1] Gegenüber proportionalen Transformationen soll ein Konzentrationsmaß invariant sein (Bresciani-Turroni-Bedingung). Konzentrationsmaße mit dieser Eigenschaft sind somit unabhängig vom Durchschnitt der Verteilung, da die Höhe der Merkmalssumme unerheblich ist.[2]

2.4.2. Vollständigkeit

Wird der Wert eines Konzentrationsmaßes ermittelt, sollten möglichst alle Merkmalswertanteile berücksichtigt werden. Konzentrationsmaße, die diese geforderte Eigenschaft erfüllen, werden vollständige oder summarische Maße genannt (z. B. der Hirschman-Herfindahl-Index oder das Entropiemaß). Werden nur einige relative Mermalswerte bei der Berechnung eines Maßes berücksichtigt, spricht man von nicht-vollständigen oder diskreten Maßen (z. B. die Konzentrationsrate oder der Schutz-Koeffizient).[3]

[1] Vgl. Bruckmann (1969), S.87
[2] Vgl. Piesch (1980), S.7
[3] Vgl. ebd.

2.4.3. Stetigkeit

Wünschenswert bei der Berechnung eines Konzentrationsmaßes ist, daß eine geringfügige Veränderung h eines Merkmalswertanteiles p_i nur geringfügige Veränderungen des Konzentrationsmaßes zur Folge hat. Anders ausgedrückt, das Konzentrationsmaß soll eine in den Merkmalswertanteilen stetige Funktion sein.[1]

(2.4) $$\lim_{h \to 0} K(n_0, p_i + h) = K(n_0, p_i)$$

2.4.4. Symmetrie

Der Wert eines Konzentrationsmaßes soll unabhängig von der Anordnung der der Merkmalsträger sein. Eine Permutation der Merkmalswertanteile Π_p soll das Konzentrationsniveau nicht beeinflussen (Symmetrie):

(2.5) $$K(\Pi_p) = K(p)$$

Da bei der Definition der relativen Merkmalssummen eine vorherige Ordnung der Werte der Größe nach vorausgesetzt wird, ist die Symmetrie immer erfüllt. Nach jeder Vertauschung wird wieder neu geordnet. Ist die Zuordnungsvorschrift selbst eine symmetrische Funktion, müssen die Merkmalswerte vorher nicht geordnet werden, z.B. bei der Berechnung des Hirschman-Herfindahl-Index oder des Exponentialindex.[2]

1 Vgl. Jöhnk (1970), S.6
2 Vgl. Piesch (1980), S. 8; Jöhnk (1970), S.6

2.4.5. Konvexität

Um aus dem Vergleich zweier Verteilungen, z. B. $(n_o,p_1,...,p_n)$ und $(n_0,p_1',...,p_n')$, auf das Konzentrationsniveau schließen zu können, muß festgelegt werden, wann ein Konzentrationsvorgang vorliegt, und wie sich dieser Konzentrationsvorgang auf ein Konzentrationsmaß auswirken sollte. Vergrößert sich z.B. ein Merkmalsträger auf Kosten eines kleineren Merkmalsträgers, liegt mit Sicherheit eine Verstärkung der Ungleichheit, und damit eine Zunahme der Konzentration vor. Dieser Vorgang müßte zu einer Erhöhung des berechneten Konzentrationswertes führen.

Für $p_1+p_2 = p_1'+ p_2'$ und $p_2'<p_2<p_1<p_1'$ gilt:

(2.6) $$K(n_0, p_1', p_2', p_3, ..., p_n') > K(n_0, p_1, p_2, p_3, ..., p_n)$$

In anderen Worten ist es also wünschenswert, daß das Konzentrationsmaß eine konvexe Funktion der Merkmalsbeträge ist.[1]

Für zwei Verteilungen p^1 und p^2 soll für jede konvexe Linearkombination $\lambda p^1+(1-\lambda)p^2 (0<\lambda<1)$ gelten:[2]

(2.7) $$K[\lambda p^1 + (1-\lambda)p^2] < K(\lambda p^1 + (1-\lambda)K(p^2)$$

2.4.6. Verschiebungsprobe (Transfereffekt)

Wenn ein Konzentrationsmaß die Eigenschaften der Symmetrie, Stetigkeit und Konvexität erfüllt wird, hat dies zur Folge, daß auch die Verschiebungsprobe eines Anteils ε von einem kleinen Merkmalsträger j zu einem großen

1 Vgl. Jöhnk, (1970), S.4
2 Vgl. Piesch (1980), S.8; Marfels (1972), S.463

Merkmalsträger i einen Anstieg des Konzentrationsmaßes bewirkt.[1] Die Transfereigenschaft und die Konvexitätsbedingung sind also gleichwertig. Für positive Transfers muß also gelten:[2]

(2.8) $$K(n_0; p_1, p_2, \ldots, p_i + \varepsilon, \ldots, p_j - \varepsilon, \ldots, p_n) < K(n_0; p), \quad p_i < p_j, i < j$$

2.4.7. Proportionalitätsprobe

Wird eine Merkmalssumme auf das c-fache der ursprünglichen Merkmalsträger aufgeteilt, soll sich der Wert eines Disparitätsmaßes im Vergleich zu dem vorherigen Wert nicht verändern, die Konzentration muß jedoch um den Faktor 1/c sinken (Proportionalitätsprobe).[3]

Formal dargestellt läßt sich diese Eigenschaft folgendermaßen wiedergeben:

(2.9) $$K_a(cn_0; \tfrac{1}{c}p_1, \ldots, \tfrac{1}{c}p_1, \ldots, \tfrac{1}{c}p_n, \ldots, \tfrac{1}{c}p_n) = \tfrac{1}{c}K_a(n_0; p_1, \ldots, p_n)$$

(2.10) $$K_r(cn_0; \tfrac{1}{c}p_1, \ldots, \tfrac{1}{c}p_1, \ldots, \tfrac{1}{c}p_n, \ldots, \tfrac{1}{c}p_n) = K_r(n_0; p_1, \ldots, p_n)$$

2.4.8. Ergänzungsprobe

Ergänzt man eine gegebene Verteilung durch Merkmalsträger mit dem Merkmalsbetrag Null bzw. in praktischen Fällen durch Merkmalsträger mit sehr kleinen Merkmalsbeträgen, darf sich die absolute Konzentration nicht ändern, während sich die relative Konzentration verkleinern muß (Ergänzungsprobe oder Nullergänzung).[4]

1 Vgl. Maurer (1990), S.32
2 Vgl. Piesch (1975), S.172
3 Vgl. Piesch / Schmidt (1983), S.24
4 Vgl. Jöhnk (1970), S.12

Der Eintritt von neuen Wettbewerbern in einen Markt ändert die absolute Konzentration in einem monopolistischen Markt nur, wenn es zu deutlichen Marktanteilsverlusten eines früheren Monopolisten oder eines früheren Oligopolisten kommt, er ändert jedoch deutlich die relative Konzentration, denn die Marktanteile sind jetzt ungleichmäßiger unter den Marktteilnehmern verteilt.

Werden zu einer gegebenen Verteilung von n echten Merkmalsträgern (c-1)n (c=1,1;1,2;...) fiktive Merkmalsträger mit dem Merkmalsbetrag Null hinzugefügt, erhält man eine Verteilung mit insgesamt cn Merkmalsträgern.

Ein absolutes Konzentrationsmaß soll sich bei Nullergänzung nicht ändern:[1]

(2.11) $$K^a(cn; p) = K^a(n; p)$$

Man kann zeigen, daß ein relatives Konzentrationsmaß sich bei Ergänzung der gegebenen Verteilung durch Merkmalsträger mit dem Merkmalsbetrag Null sich seiner oberen Grenze annähert:[2]

(2.12) $$K^r(cn_0; p) = 1 - \frac{1}{c}[1 - K^r(n_0, p)]$$

Strebt c gegen unendlich, bleibt ein absolutes Konzentrationsmaß konstant und ein relatives Konzentrationsmaß strebt gegen Eins.

1 Vgl. Piesch (1975), S.174
2 Vgl. Piesch (1980), S.12

2.4.9. Normierung

Damit Konzentrationsmaße besser miteinander verglichen und interpretiert werden können, sollten sie auf das Intervall [0;1] normiert sein.

(2.13) $0 \leq K(n_0, p_i) \leq 1$

Normierte, absolute Konzentrationsmaße, die zusätzlich die Proportionalitätsprobe erfüllen und normierte, relative Konzentrationsmaße, die zusätzlich die Ergänzungsprobe erfüllen, werden gleichmäßig normierte Konzentrationsmaße bezeichnet.[1]

Bei absoluten Konzentrationsmaßen sollte 1 die Obergrenze bilden, wenn auf einen Merkmalsträger die gesamte Merkmalssumme entfällt; in diesem Fall kann die absolute Konzentration nicht gesteigert werden. Die Untergrenze des Intervalls wird von einem absoluten Konzentrationsmaß nicht erreicht, da auch bei einer Gleichverteilung der Merkmalssumme immer noch ein gewisses Ausmaß an Konzentration vorhanden ist: ist die gesamte Merkmalssumme auf $n_0>1$ Merkmalsträger verteilt, kann bei Gleichverteilung das Konzentrationsmaß den Wert $\frac{1}{n_0}$ nach der Proportionalitätsprobe nicht unterschreiten.

(2.14) $\frac{1}{n_0} \leq K^a(n_0; p_1, \ldots, p_n) \leq 1$

Bei relativen Konzentrationsmaßen ist $1 - \frac{1}{n_0}$ die Obergrenze, so daß für genügend großes n die Disparität der Obergrenze 1 beliebig nahe kommen kann. Besteht auf einem Markt beispielsweise eine bestimmte Unternehmenskonzentration, kann die relative Konzentration sich nur durch Eintritt von neuen Marktteilnehmern erhöhen. Eine Annäherung an die Obergrenze 1 kann somit nur mit

[1] Vgl. Jöhnk (1970), S.11 f.

großem n erreicht werden. Ist die gesamte Merkmalssumme gleichmäßig auf die Merkmalsträger verteilt, beträgt der Wert des relativen Konzentrationsmaßes Null, denn die relative Konzentration kann nicht weiter gesenkt werden:[1]

(2.15) $$0 \leq K^r(n_0, p_1, \ldots, p_n) \leq 1 - \frac{1}{n_0}$$

Jedem gleichmäßig normiertem Maß K^a (K^r) kann ein gleichmäßig normiertes Maß K^r (K^a) zugeordnet werden:

(2.16) $$K^r(n_o, p_1, \ldots, p_n) = 1 - \frac{1}{n_o K^a(n_o, p_1, \ldots, p_n)}$$

und

(2.17) $$K^a(n_o, p_1, \ldots, p_n) = \frac{1}{n_o[1 - K^r(n_o; p_1, \ldots, p_n]}$$

2.4.10. Reaktion auf Fusionen

Es ist wünschenswert, daß nach einer Fusion sich der Wert eines Konzentrationsmaßes verändert. Eine Fusion kann als positiver Transfer mit darauffolgendem Nullenentzug aufgefaßt werden: zunächst wird ein Merkmalsbetrag von einem kleineren auf einen größeren Merkmalsträger transferiert, anschließend scheidet der kleinere Merkmalsträger aus dem Markt aus (Nullenentzug). Die Konzentration steigt nach einer Fusion immer, da ein positiver Transfer die Konzentration erhöht, ein Ausscheiden eines Merkmalsträgers sich jedoch nicht auf sie auswirkt. Die Disparität kann nach einer Fusion steigen, gleichbleiben oder fallen, je nach Überwiegen des positiven Transfereffekts oder des negativen Nullenentzugseffekts.[2]

1 Vgl. Jöhnk (1970), S.13 f.; Piesch (1980), S.10 f.
2 Vgl. Piesch (1980), S.18

2.4.11. Schur-Konvexität

Wenn eine Funktion φ von Merkmalswerten als Disparitätsmaß benutzt wird, sollte sie die Bedingung

(2.18) $\quad p_1 < p_2 \Rightarrow \varphi(p_1) \leq \varphi(p_2)$

erfüllen , d. h. φ sollte Schur-konvex sein. Darüber hinaus sollte φ die Bedingung

(2.18') $\quad p_1 < p_2$ und p_1 ist keine Permutation von $p_2 \Rightarrow \varphi(p_1) < \varphi(p_2)$

erfüllen, d. h. φ sollte streng Schur-konvex sein.

Wird $\varphi : \Re^n \rightarrow \Re$ als Disparitätsmaß benutzt, wird manchmal die zusätzliche Bedingung

(2.19) $\quad \varphi(p) = \varphi(ap)$

gestellt, um zu gewährleisten, daß Skalenfaktoren keine Rolle spielen.[1]

Ist φ ein vorgeschlagenes Disparitätsmaß, dann erfüllt die für alle p definierte Funktion ψ Gleichung (2.19), so daß gilt:

(2.20) $\quad \psi(p) = \varphi(p_1/\sum_{i=1}^{n} p_i, \ldots, p_n/\sum_{i=1}^{n} p_i); \quad \sum_{i=1}^{n} p_i \neq 0$

Erfüllt außerdem φ (2.18) oder (2.18'), dann erfüllt auch ψ diese Bedingungen.[2]

1 Vgl. Marshall / Olkin (1979), S.408
2 Vgl. ebd., S.408 f.

3. Die Eignung von Konzentrationsmaßen zur Präzisierung der Fusionskontrolle

3.1. Der Hirschman-Herfindahl-Index

3.1.1. Die Verwendung des Hirschman-Herfindahl-Index in den amerikanischen Fusionsrichtlinien

Der Hirschman-Herfindahl-Index (HHI) tauchte in der juristischen Fachliteratur zum ersten Mal 1967 auf; einen größeren Bekanntheitsgrad erlangte er jedoch erst 1982 mit der Veröffentlichung der neuen amerikanischen Fusionsrichtlinien, nach denen erstmals HHI-Werte zur Überprüfung von Unternehmenszusammenschlüssen herangezogen werden sollten. Im deutschen Gesetz gegen Wettbewerbsbeschränkungen und in der Europäischen Fusionskontrollverordnung wird der Hirschman-Herfindahl-Index nicht verwendet.

Nach Abschnitt 1.51 der amerikanischen Fusionsrichtlinien werden Märkte mit einem Hirschman-Herfindahl-Index von unter 1.000 Punkten[1] nach einem Zusammenschluß als nicht konzentriert betrachtet und der Zusammenschluß braucht nicht überprüft zu werden. Märkte mit einem Hirschman-Herfindahl-Index zwischen 1.000 und 1.800 Punkten nach einem Zusammenschluß werden als mäßig konzentriert betrachtet. Führt ein Zusammenschluß zu einer Zunahme des Hirschman-Herfindahl-Index von weniger als 100 Punkten, wird er nicht überprüft, führt er zu einer Zunahme des Hirschman-Herfindahl-Index von mehr als 100 Punkten wird er anhand der Faktoren der Abschnitte 2-5 überprüft. Märkte mit einem Hirschman-Herfindahl-Index nach einem Zusammenschluß von mehr

1 Den Hirschman-Herfindahl-Index erhält man als Summe der quadrierten Marktanteile der Unternehmen eines Marktes. Multipliziert man das Ergebnis mit 10.000, erhält man die "Punktzahl" des Hirschman-Herfindahl-Index.

als 1.800 Punkten werden als hoch konzentriert betrachtet. Steigt der Hirschman-Herfindahl-Index um weniger als 50 Punkte, wird der Zusammenschluß nicht überprüft, steigt er um mehr als 50 Punkte wird er anhand der Faktoren der Abschnitte 2-5 überprüft.

3.1.2. Die Berücksichtigung der Anzahl der Unternehmen und der Disparität der Marktanteile

Der Hirschman-Herfindahl-Index[1] ergibt sich aus der Summe der quadrierten Marktanteile aller Marktteilnehmer:

(3.1) $$HHI = \sum_{i=1}^{n} p_i^2$$

Im Gegensatz zu den Konzentrationsraten berücksichtigt der Hirschman-Herfindahl-Index die Anzahl der Unternehmen und die Disparität der Marktanteile dieser Unternehmen bei der Messung der Marktkonzentration. Dies kann durch Zerlegung der Formel des Hirschman-Herfindahl-Index in zwei Komponenten verdeutlicht werden:

(3.2) $$\begin{aligned} HHI &= \sum_{i=1}^{n}\left(p_i - \frac{1}{n}\right)^2 + \frac{2}{n} - \frac{1}{n} \\ &= \sigma^2 + \frac{1}{n} \end{aligned}$$

$\frac{1}{n}$ ist der wertmäßige Marktanteil eines Unternehmens mit durchschnittlich grossem Marktanteil und σ^2 ist die Varianz der Marktanteile bezüglich des durchschnittlichen Marktanteils der Unternehmen. Der erste Teil der rechten Seite dieser Gleichung bringt die Auswirkung der Anzahl der Marktteilnehmer auf die Marktkonzentration zum Ausdruck; der zweite Teil der rechten Seite dieser Gleichung beschreibt die Auswirkung der Streuung der individuellen Marktanteile

[1] Vgl. Herfindahl (1950); Hirschman (1945)

eines Unternehmens mit durchschnittlichem Marktanteil. Es gibt keinen plausiblen Grund dafür, daß gerade σ^2 als Streuungsmaß verwendet werden sollte und nicht irgendein anderes Streuungsmaß.

Bei der Bestimmung der Marktkonzentration erfaßt der Hirschman-Herfindahl-Index nicht nur die Marktanteile der 2,3,5,8,20 oder 50 größten Unternehmen wie die Konzentrationsraten, sondern die Marktanteile aller Unternehmen. Dabei werden die Marktanteile der größeren Unternehmen höher gewichtet als die Marktanteile der kleinen Unternehmen, was die Bedeutung der Unternehmen für den Markt widerspiegelt (vgl. Tab.2).[1] Für das symmetrische Oligopol (Markt A) könnte man infolge der hohen Symmetrie und der geringen Zahl von Marktteilnehmern eine hohe Konzentration vermuten; der Hirschman-Herfindahl-Index zeigt jedoch eine relativ niedrige Konzentration an (HHI=0,20); für das Teilmonopol (Markt E) zeigt der Hirschman-Herfindahl-Index hingegen vergleichsweise eine sehr hohe Konzentration an (HHI=0,92). Der Hirschman-Herfindahl-Index zeigt also eine stärkere Reagibilität auf Teilmonopole als auf Oligopole.

Tabelle 2 verdeutlicht, daß unterschiedliche Streuungen der Marktanteile der Unternehmen eines Marktes die Höhe des Hirschman-Herfindahl-Index beeinflussen. Je stärker die Streuung der Marktanteile der Unternehmen, desto höher ist der Wert des Hirschman-Herfindahl-Index.

1 Vgl. Weinstock (1982), S.285 f.

Tab. 2: Werte des Hirschman-Herfindahl-Index für verschiedene Märkte

	Markt A	Markt B	Markt C	Markt D	Markt E
Fima 1	20 % (0,0400)	40 % (0,100)	60 % (0,3600)	80 % (0,6400)	96 % (0,9216)
Firma 2	20 % (0,0400)	15 % (0,0225)	10 % (0,0100)	5 % (0,0225)	1 % (0,0001)
Firma 3	20 % (0,0400)	15 % (0,0225)	10 % (0,0100)	5 % (0,0225)	1 % (0,0001)
Firma 4	20 % (0,0400)	5 % (0,0225)	10 % (0,0100)	5 % (0,0225)	1 % (0,0001)
Firma 5	20 % (0,0400)	5 % (0,0225)	10 % (0,0100)	5 % (0,0225)	1 % (0,0001)
HHI	0,2000	0,2500	0,4000	0,6550	0,9220

Zwischen dem Hirschman-Herfindahl-Index und dem Variationskoeffizienten kann eine Verbindung hergestellt werden.[1]

Der Merkmalsanteil p_i kann dann wie folgt formuliert werden:

(3.3) $$p_i = \frac{P_i}{\sum_{i=1}^{n} P_i} = \frac{P_i}{\mu * n}$$

Setzt man diese Gleichung in die Definitionsgleichung des Hirschman-Herfindahl-Index ein, ergibt sich:

(3.4) $$HHI = \sum_{i=1}^{n} \left(\frac{P_i}{\mu * n} \right)^2 = \frac{1/n \sum_{i=1}^{n} P_i^2 - \mu^2 + \mu^2}{\mu^2 * n}$$

[1] Vgl. Franke (1985), S.210

Durch Einsetzen von $\sigma^2 = \frac{1}{n} \sum_{i=1}^{n} P_i^2 - \mu^2$ erhält man:

(3.5) $$HHI = \frac{\sigma^2 + \mu^2}{\mu^2 * n}$$

Unter Berücksichtigung von $V = \frac{\sigma}{\mu}$ läßt sich der Hirschman-Herfindahl-Index ausdrücken durch:

(3.6) $$HHI = \frac{V^2 + 1}{n}$$

Anhand dieser Gleichung kann man ebenfalls erkennen, daß der Hirschman-Herfindahl-Index sowohl die Varianz der Marktanteile innerhalb der Unternehmen eines Marktes als auch die Zahl der Marktteilnehmer erfaßt. Je größer die Varianz der Marktanteile, desto größer ist der HHI-Wert, und je größer die Zahl der Unternehmen, desto kleiner ist der HHI-Wert.

3.1.3. Der Hirschman-Herfindahl-Index als Äquivalenzzahl

Sind die Marktanteile aller Unternehmen eines Marktes gleich groß, ist die Varianz der Unternehmen also gleich Null, wird aus Gleichung (3.2):

(3.7) $$HHI = \frac{1}{n}$$

Löst man Gleichung (3.8) nach n auf, erhält man:

(3.8) $$n = ÄZ = \frac{1}{HHI}$$

Dieser Wert wird von Adelman als Äquivalenzzahl interpretiert.[1] Er gibt die Zahl an gleichgroßen Unternehmen an, die notwendig sind, um ein bestimmtes, durch den Hirschman-Herfindahl-Index gemessenes Konzentrationsniveau zu erzeugen und ergibt sich aus dem mit 10.000 multiplizierten Kehrwert des Hirschman-Herfindahl-Index.[2]

Die Äquivalenzzahl des Hirschman-Herfindahl-Index kann als Maß des erwarteten Marktverhaltens interpretiert werden.[3] Erhält man eine Äquivalenzzahl von 10, kann man das Marktverhalten eines aus 10 Unternehmen bestehenden symmetrischen Oligopols erwarten. Erhält man eine Äquivalenzzahl von 2, kann man kein besonders wettbewerbsintensives Marktverhalten erwarten, da die Marktanteilsverteilung einem Dyopol entspricht.[4]

Ist die Äquivalenzzahl kleiner als die tatsächliche Zahl an Marktteilnehmern, wird damit die Ungleichheit zwischen diesen Marktteilnehmern ausgedrückt.[5]

3.1.4. Die Erfassung von Unternehmenszusammenschlüssen

Eine Änderung der Konzentration eines Marktes durch Unternehmenszusammenschlüsse wird vom Hirschman-Herfindahl-Index stets erfaßt.

1 Vgl. Adelman, (1969), S.100
2 Vgl. Horowitz, I. (1971), S.396 f.
3 Vgl. Miller (1982), S.599
4 Vgl. Pautler (1983), S.170
5 Vgl. Franke (1985), S.210

Besteht ein Markt aus vier Unternehmen mit den Marktanteilen p_1, p_2, p_3, und p_4 und schließen sich das zweite und das dritte Unternehmen zusammen, erhält man als neuen HHI-Wert:

$$(3.9) \qquad HHI = p_1^2 + (p_2 + p_3)^2 + p_4^2$$

$$= p_1^2 + p_2^2 + 2p_2p_3 + p_3^2 + p_4^2$$

Somit beträgt die durch den Hirschman-Herfindahl-Index gemessene Änderung des Konzentrationsgrades das Doppelte des Produktes der Marktanteile der beiden fusionierenden Unternehmen:

$$(3.10) \qquad \Delta HHI = 2p_2p_3$$

3.1.5. Der Hirschman-Herfindahl-Index und das Problem der Datenungenauigkeit

Die Berechnung des Hirschman-Herfindahl-Index erfordert Informationen über die Marktanteile sämtlicher Unternehmen eines Marktes.[1] Informationen über die Marktanteile sämtlicher sich auf dem Markt befindlichen Unternehmen dürften aus Geheimhaltungsgründen jedoch nur schwer zu beschaffen sein. Die Datenerfordernisse des Hirschman-Herfindahl-Index sind weitaus höher als beispielsweise die Datenerfordernisse der Vier-Firmen-Konzentrationsrate, zu deren Berechnung lediglich die Marktanteile der vier größten Unternehmen benötigt werden. Oftmals sind die Daten, die zur Berechnung des Hirschman-Herfindahl-Index benötigt werden aufgrund der zeitlichen Restriktionen, die den Antitrust-Behörden auferlegt werden, nicht beschaffbar. In solchen Fällen besteht die Möglichkeit, eine Untergrenze und eine Obergrenze für den Hirschman-Herfindahl-Index zu

[1] Vgl. Pautler (1983), S.176

berechnen. Die sich ergebenden Werte können sowohl unterhalb als auch oberhalb der in den Fusionsrichtlinien festgelegten Schwellenwerte liegen, was nachfolgendes Beispiel verdeutlichen soll.

Angenommen die Marktanteile der sechs größten Unternehmen eines Marktes betragen 20%, 15%, 10%, 8%, 7% und 5%; die Marktanteile der restlichen Marktteilnehmer seien unbekannt. Eine Untergrenze kann berechnet werden, indem man die kleinstmögliche Disparität unterstellt, d.h.. Gleichverteilung bei den (unbekannten) kleinsten Unternehmen:

p_1=20%, p_2=15%, p_3=10%, p_4=8%, p_5=7%, p_6=5%

(3.11) $$HHI_u = (0,20^2 + 0,15^2 + 0,10^2 + 0,08^2 + 0,07^2 + 0,05^2) \\ = 0,0863$$

Die Obergrenze des HHI kann berechnet werden, indem man annimmt, daß die restlichen 35% der Marktanteilsverteilung sich aus der kleinstmöglichen Zahl von Unternehmen zusammensetzen. Da das sechstgrößte Unternehmen einen Marktanteil von 5% hat, können die verbleibenden Unternehmen keinen größeren Marktanteil als 5% einnehmen. Dividiert man den Marktanteil der restlichen Unternehmen (35%) durch den kleinsten bekannten Marktanteil (5%), erhält man die kleinstmögliche Anzahl von Unternehmen, mit denen der Restmarkt aufgefüllt werden kann. Als Obergrenze erhält man somit:

(3.12) $$HHI_o = (0,20^2 + 0,15^2 + 0,10^2 + 0,08^2 + 0,07^2 + 8 * 0,05^2) \\ = 0,1038$$

Der HHI muß somit in dem Intervall [0,0863;0,1038] liegen; was eine recht grobe Abschätzung bedeutet. Die Abschätzung deutet darauf hin, daß wenn beispielsweise das dritt- und das sechstgrößte Unternehmen des Marktes sich zusammenschließen wollen, der geplante Unternehmenszusammenschluß unter oder über dem von den Fusionsrichtlinien festgelegten Schwellenwert liegen kann.

Im folgenden sollen die Beziehungen zwischen dem Wert des Hirschman-Herfindahl-Index und den Änderungen der Marktanteilsverteilung der Unternehmen analysiert werden (Sensitivitätsanalyse). Die Sensitivitätsanalyse bringt zum Ausdruck, welches Ausmaß an Veränderung des Wertes des Hirschman-Herfindahl-Index durch Veränderung der Marktanteilsveränderung ausgewiesen wird.[1]

Beträgt der Marktanteil eines Unternehmens p_i und der Fehler bei der Messung des Marktanteils dieses Unternehmens Δ , dann beträgt die Änderung des Hirschman-Herfindahl-Index $2p_i\Delta + \Delta^2$, da der Beitrag dieses Unternehmens zur Gesamtkonzentration des Marktes $p_i^2 + 2p_i\Delta + \Delta^2$ beträgt. Daraus läßt sich folgern, daß je größer der Marktanteil des Unternehmens ist, desto größer ist auch die Veränderung des Hirschman-Herfindahl-Index.

Ein Fehler bei der Messung der Marktanteile der größten Unternehmen eines Marktes kann beträchtliche Veränderungen des berechneten HHI-Wertes bewirken. Ein Fehler von fünf Prozent für ein großes Unternehmen kann den Index viel stärker verändern als die Nicht-Berücksichtigung eines kleinen Unternehmens mit fünf Prozent Marktanteil, da die Marktanteile quadriert werden, bevor sie zu dem Index summiert werden. Da wir in einer Welt leben, in der unsere Informationen oft unrichtig sind, und vollständige und genaue Informationen oft zu teuer oder unerhältlich sind, können bei der Verwendung des Hirschman-Herfindahl-Index praktische Probleme entstehen. Die Beispiele in Tabelle 3 sollen das mögliche Ausmaß dieser Probleme verdeutlichen. Eine wahre Verteilung wird mit einer

[1] Vgl. Schaich / Wisniewski (1990), S.459

hypothetischen beobachteten Verteilung verglichen; es wird dabei unterstellt, daß bei der Beobachtung der Marktanteilsverteilung Fehler gemacht wurden, d. h. die Marktanteile eines oder mehrerer Unternehmen über- bzw. unterschätzt wurden. Diese Fehler führen zu falschen HHI-Werten. Durch einen Vergleich des richtigen und der falschen HHI-Werte erhält man den prozentualen Fehler.[1]

Wie bereits gezeigt wurde, ist je größer die Über- bzw. Unterschätzung des Marktanteils des größten Unternehmens, desto größer die prozentuale Veränderung des HHI-Wertes. Wird der Marktanteil des größten Unternehmens um 5% überschätzt, beträgt die prozentuale Veränderung des HHI-Wertes bis zu 14,65%; wird der Marktanteil des größten Unternehmens um 10% überschätzt, beträgt die prozentuale Veränderung des HHI-Wertes bis zu 31,43%.

Die ersten neun Beispiele in Tabelle 3 zeigen die Auswirkungen eines Fehlers von fünf Prozent bei der Messung des Marktanteils des größten Unternehmens. Ein Fehler von jeweils fünf Prozent kann bereits zu einer prozentualen Veränderung des HHI-Wertes von knapp 15% führen (Beispiel 4). Ein Fehler von jeweils fünf Prozent bei den Marktanteilsdaten der beiden größten Unternehmen (Beispiele 10-16) kann bereits zu einer prozentualen Veränderung des HHI-Wertes von rund 23% führen (Beispiel 12). Ein Fehler von 10 Prozent bei der Messung des Marktanteils des größten Unternehmens (Beispiele 17-28) bewirkt im ungünstigsten Fall (Beispiel 21) einen prozentualen Fehler von 31,43%. Schließlich führt ein Fehler von jeweils zehn Prozent bei den Marktanteilsdaten der beiden größten Unternehmen zu einer prozentualen Veränderung des HHI-Wertes von 48,21%.

1 Vgl. Pautler (1983), S.178

Ein Vergleich der Beispiele in Tabelle 3 zeigt, daß für eine gegebene Zahl von Unternehmen eine Unterschätzung der Marktanteile der größten Unternehmen zu einer Unterschätzung des richtigen HHI-Wertes führt. Fehler, die die Marktanteile der größten Unternehmen steigern, bewirken eine Erhöhung der HHI-Werte. Dabei kann es zu einer Unter- bzw. Unterschreitung der in den Fusionsrichtlinien festgelegten Schwellenwerte kommen.

Tab. 3: Fehler bei der Berechnung des HHI, wenn die Marktanteile falsch gemessen werden

	Wahre Verteilung								Wahrer HHI	
	30	20	15	10	8	7	5	5	0,1788	
	p_1	p_2	p_3	p_4	p_5	p_6	p_7	p_8		
Bsp. Nr.	Falsche Verteilung								Falscher HHI	Prozent. Fehler
1	35	15	15	10	8	7	5	5	0,1938	8,39 %
2	35	20	10	10	8	7	5	5	0,1988	11,19 %
3	35	20	15	8	7	5	5	5	0,2038	13,98 %
4	35	20	15	10	5	5	5	5	0,2050	14,65 %
5	25	25	15	10	8	7	5	5	0,1738	2,80 %
6	25	20	20	10	8	7	5	5	0,1663	6,99 %
7	25	20	15	15	8	7	5	5	0,1698	8,39 %
8	25	20	15	10	10	10	5	5	0,1600	10,51 %
9	25	20	15	10	10	8	7	5	0,1588	11,19 %
10	35	25	10	8	7	5	5	5	0,2138	19,57 %
11	35	25	10	10	5	5	5	5	0,2150	20,25 %
12	35	25	15	5	5	5	5	5	0,2200	23,04 %
13	25	15	15	15	10	8	7	5	0,1638	8,39 %
14	25	15	15	15	10	10	5	5	0,1550	13,03 %
15	25	15	15	10	10	10	10	5	0,1500	16,11 %
16	25	15	15	10	10	10	8	7	0,1488	16,78 %
17	40	15	10	10	8	7	5	5	0,2188	16,78 %
18	40	15	15	10	5	5	5	5	0,2250	25,84 %
19	40	20	10	8	7	5	5	5	0,2288	27,96 %
20	40	20	10	10	5	5	5	5	0,2300	28,64 %
21	40	20	15	5	5	5	5	5	0,2350	31,43 %
22	20	20	20	15	8	7	5	5	0,1588	11,19 %
23	20	20	20	10	10	10	5	5	0,1550	13,31 %
24	20	20	20	10	10	8	7	5	0,1538	13,98 %
25	20	20	15	15	10	10	5	5	0,1500	16,11 %
26	20	20	15	15	10	8	7	5	0,1488	16,79 %
27	20	20	15	10	10	10	10	5	0,1450	18,90 %
28	20	20	15	10	10	10	8	7	0,1438	19,57 %
29	40	30	5	5	5	5	5	5	0,2650	48,21 %

3.1.6. Die Mehrdeutigkeit des Hirschman-Herfindahl-Index

Es muß gefragt werden, ob es gerechtfertigt ist, daß verschiedene Marktanteilsverteilungen zu demselben HHI-Wert führen und damit dieselbe Marktmacht auf verschiedenen Märkten implizieren. Folgende Marktanteilsverteilungen können zu einem HHI-Wert von 0,10 führen:

Tab.4: Mögliche Marktanteilsverteilungen für HHI=0,10

	A		B		C		D	
	p_i	p_i^2	p_i	p_i^2	p_i	p_i^2	p_i	p_i^2
1	0,10	0,10	0,13	0,169	0,30	0,09	0,25	0,0625
2	0,10	0,10	0,13	0,169	0,06	0,0036	0,15	0,0225
3	0,10	0,10	0,12	0,144			0,10	0,01
4	0,10	0,10	0,12	0,144				
5	0,10	0,10	0,08	0,064				
6	0,10	0,10	0,08	0,064				
7	0,10	0,10	0,08	0,064				
8	0,10	0,10	0,08	0,064				
9	0,10	0,10	0,08	0,064				
10	0,10	0,10	0,07	0,049				
11			0,02	0,0004				
12			0,01	0,0001	64*0,01	0,0064	50 * 1	0,05
	100 %	0,10	100 %	0,10	100 %	0,10	100 %	0,10

Die Marktmacht eines symmetrischen Oligopols (Fall A), eines symmetrischen Oligopols mit symmetrischer Verteilung der Verfolgergruppe (Fall B) und eines Teiloligopols (Fall C) wird als gleichbedeutend ausgewiesen.

Analog dazu ergeben sich für folgende Marktanteilsverteilungen HHI-Werte von ca. 0,25:

Tab.5: Mögliche Marktanteilsverteilungen für HHI=0,25

	A		B		C		D	
	p_i	p_i^2	p_i	pi^2	p_i	p_i^2	p_i	p_i^2
1	0,25	0,0625	40	0,1600	0,43	0,1849	0,49	0,2401
2	0,25	0,0625	20	0,0400	0,125	0,01562		
3	0,25	0,0625	20	0,0400	0,125	0,01562		
4	0,25	0,0625	5	0,0025	0,125	0,01562		
5			5	0,0025	0,125	0,01562		
6			5	0,0025	0,035	0,00122	25*0,02	0,10
7			5	0,0025	0,035	0,00122	0,01	0,01
	100 %	0,25	100 %	0,25	100 %	0,24985	100 %	0,2502

3.1.7. Keine Erfassung von engen Oligopolen und Teiloligopolen

Wie ein Vergleich des Hirschman-Herfindahl-Index mit den Konzentrationsraten zeigt, zeigt der Hirschman-Herfindahl-Index nur für Teilmonopole eine hohe Konzentration an, für die weitaus häufiger auftretenden engen Oligopole und Teiloligopole dagegen nur eine niedrige bzw. mittelgroße Konzentration. Zunächst wird CR_4=50% dem HHI von 0,10 als dem entsprechendem, in den amerikanischen Fusionsrichtlinien verwendeten Schwellenwert zwischen konzentrierten und mäßig konzentrierten Märkten gegenübergestellt.

Tab.6: HHI-Werte für verschiedene Marktstrukturen bei gegebener CR_4 von 50%

	A symmetr. Oligopol		B symmetrisches Teiloligopol		C asymmetrisches Oligopol		D Teilmonopol	
	p_i	p_i^2	p_i	p_i^2	p_i	p_i^2	p_i	p_i^2
1	0,125	0,015625	0,125	0,015625	0,125	0,015625	0,47	0,2209
2	0,125	0,015625	0,125	0,015625	0,125	0,015625	0,01	0,0001
3	0,125	0,015625	0,125	0,015625	0,125	0,015625	0,01	0,0001
4	0,125	0,015625	0,125	0,015625	0,125	0,015625	0,01	0,0001
5	0,125	0,015625			0,09	0,0081		
6	0,125	0,015625			0,09	0,0081		
7	0,125	0,015625			0,07	0,0049		
8	0,125	0,015625			0,07	0,0049		
9					0,06	0,0036		
10					0,06	0,0036		
11					0,03	0,0009		
12			50*0,01	0,005	0,03	0,0009	50*0,01	0,005
	100 %	0,1250	100 %	0,0675	100 %	0,0975	100 %	0,2262

Bei Markt A deutet die Marktstruktur infolge der geringen Anbieterzahl von acht Unternehmen und der hohen Symmetrie auf eine hohe Konzentration hin. Der HHI-Wert von 0,1250 zeigt nur eine mäßige Konzentration an, die Acht-Firmen-Konzentrationsrate von 100% dagegen eine hohe Konzentration.

Markt B führt ebenso zu widersprüchlichen Aussagen. Der Hirschman-Herfindahl-Index weist mit einem Wert von 0,0675 eine niedrige Konzentration aus, während die Vier-Firmen-Konzentrationsrate von 50% für eine relativ hohe Konzentration spricht.

Für Markt C zeigt der Hirschman-Herfindahl-Index mit einem Wert von 0,0975 ebenfalls eine niedrige Konzentration an, während die Konzentrationsrate CR_4=50% eine relativ hohe Konzentration anzeigt.

Für Markt D erhält man durch die größere Gewichtung von Großunternehmen bei Verwendung des Hirschman-Herfindahl-Index mit einem Wert von 0,2262 eine hohe Konzentration; CR_4=50% zeigt hingegen eine relativ niedrige Konzentration an.

Ein Vergleich von CR_4=70% mit dem HHI von 0,18 als entsprechendem Schwellenwert in den amerikanischen Fusionsrichtlinien zwischen mäßig konzentrierten und hoch konzentrierten Märkten führt zu analogen Ergebnissen:

Tab.7: HHI-Werte für verschiedene Marktstrukturen bei gegebener CR_4 von 70%

	A symmetrisches Teiloligopol		B Asymmetrisches Oligopol		C Teilmonopol	
	p_i	p_i^2	p_i	p_i^2	p_i	p_i^2
1	0,175	0,030625	0,29	0,0841	0,67	0,4489
2	0,175	0,030625	0,21	0,0441	0,01	0,0001
3	0,175	0,030625	0,10	0,01	0,01	0,0001
4	0,175	0,030625	0,10	0,01	0,01	0,0001
5			0,10	0,01		
6			0,10	0,01		
7	30*0,01	0,003	0,10	0,01	30*0,01	0,0030
	100 %	0,1255	100 %	0,1782	100 %	0,4522

Der Hirschman-Herfindahl-Index weist für das symmetrische Teiloligopol (Fall A) mit einem Wert von 0,1255 nur eine mäßige Konzentration aus, während die Oligopolspitze mit CR_4=70% auf eine relativ hohe Konzentration hindeutet.

Für das asymmetrische Oligopol (Fall B) könnte man eine hohe Marktkonzentration vermuten, da zwei Unternehmen 50% des Marktes beherrschen, der Hirschman-Herfindahl-Index zeigt hingegen mit 0,1782 nur eine mäßige Konzentration an. Durch Verwendung von CR_2=50% hätte man auf einen hohen Konzentrationsgrad schließen können. Für das Teilmonopol (Fall C) zeigt der Hirschman-Herfindahl-Index mit einem Wert von 0,4522 wiederum richtigerweise eine hohe Konzentration an. Der Hirschman-Herfindahl-Index ist also für die Erfassung von Teilmonopolen besser geeignet als für die Erfassung von Teiloligopolen und engen Oligopolen. Diese Beispiele verdeutlichen, daß der ausschließliche Einsatz des Hirschman-Herfindahl-Index nicht ausreicht, um wettbewerbsgefährdende Marktstrukturen zu erfassen; um befriedigende Ergebnisse zu erzielen, erscheint ein Einsatz weiterer Maße notwendig.

3.1.8. Die Robustheit des Hirschman-Herfindahl-Index gegenüber Veränderungen im Bereich kleiner Merkmalsträger

Eine weitere Eigenschaft des Hirschman-Herfindahl-Index ist seine Robustheit gegenüber Veränderungen im Bereich kleiner Merkmalsträger.

Angenommen, der Marktanteil eines dominierenden Unternehmens beträgt 90% und der Rest verteilt sich gleichmäßig auf 10, 100, 1.000 und 10.000 Unternehmen, erhält man folgende Konzentrationsgrade (vgl. Tab. 8):

Tab.8: HHI-Werte für Märkte mit einem Marktführer von 90% Marktanteil und auf 10, 100, 1.000 und 10.000 Unternehmen verteiltem Rest

Zahl der restlichen Unternehmen	HHI-Wert
10	0,8110
100	0,8101
1.000	0,81001
10.000	0,810001

Die Zahl der Unternehmen wirkt sich nur geringfügig auf denn HHI-Wert aus. Die mit steigender Zahl der Unternehmen abnehmende Konzentration wird also durch den Hirschman-Herfindahl-Index nicht erfaßt: besteht die Restgruppe aus 10.000 Unternehmen, kommt es zu intensiverem Wettbewerb als bei einer Restgruppe von 10 Unternehmen.

3.1.9. Handlungsempfehlungen für die Wettbewerbspolitik

Da der Hirschman-Herfindahl-Index die Marktanteile aller Unternehmen und nicht nur die Marktanteile einer bestimmten Gruppe von Unternehmen berücksichtigt, Zusammenschlüsse stets erfaßt und die Bedeutung von Großunternehmen treffend wiedergibt, ist seine Verwendung in den Fusionsrichtlinien sinnvoll.

Zur Erfassung von Teilmonopolen mit einem Marktführer und einer Restgruppe von kleineren Unternehmen reicht die Verwendung des Hirschman-Herfindahl-Index aus; zur Erfassung enger Oligopole und Teiloligopole müssen zusätzlich Konzentrationsraten und Dominanzmaße verwendet werden.

Sind nur die Marktanteile der k größten Unternehmen eines Marktes bekannt, vermag der Hirschman-Herfindahl-Index nur grobe Abschätzungen bei der Erfassung der Konzentration eines Marktes zu liefern.

Da die Werte des Hirschman-Herfindahl-Index häufig in den unteren Bereich des Wertebereiches fallen, kann er zu einer Unterschätzung der Konzentration führen.

Die Erfassung von Unternehmenszusammenschlüssen ist Voraussetzung für eine effiziente Fusionskontrolle. Bei Nicht-Erfassung von Unternehmenszusammenschlüssen durch ein Konzentrationsmaß kann es zu einer Wettbewerbsgefährdung durch die zunehmende Konzentration auf dem entsprechenden Markt kommen. Ebenso muß die Anzahl der Unternehmen eines Marktes berücksichtigt werden, denn je mehr Unternehmen es gibt, um so intensiver kann der Wettbewerb sein. Zur Beurteilung der Wettbewerbsgefährdung eines Marktes muß außerdem die Disparität der Marktanteile der Unternehmen eines Marktes durch ein Konzentrationsmaß erfaßt werden können, denn je größer die Disparität der Marktanteile, desto größer ist die Wettbewerbsgefährdung, die von den größeren Unternehmen ausgehen kann. Aufgrund dieser vom Hirschman-Herfindahl-Index erfüllten Eigenschaften erscheint ein Einsatz des Hirschman-Herfindahl-Index in der Fusionskontrolle sinnvoll; ein alleiniger Einsatz des Hirschman-Herfindahl-Index ist jedoch nicht ausreichend, um die Entstehung wettbewerbsgefährdender Marktstrukturen zu verhindern. Es ist notwendig, zusätzlich Dominanzmaße einzusetzen, die die Stärke des Abstandes eines dominierenden Einzelunternehmens bzw. einer Oligopolgruppe zu den Marktanteilen der restlichen Unternehmen messen können, um zuverlässige Aussagen über die Wettbewerbsgefährdung eines Marktes zu gewinnen.

Abschnitt 1.51 der amerikanischen Fusionsrichtlinien muß präzisiert werden: Liegt der Hirschman-Herfindahl-Index eines Marktes nach einem Zusammenschluß unter 1.000 Punkten, sollten zusätzlich Konzentrationsraten und Dominanzmaße zur Erfassung von Oligopolen verwendet werden. Liegt der Hirschman-Herfindahl-Index über 1.000 Punkte oder hat ein Unternehmen nach einem Zusammenschluß einen Marktanteil von mindestens einem Drittel oder haben die vier größten Unternehmen einen Marktanteil von mindestens 50% oder die acht größten Unternehmen einen Marktanteil von mindestens 70% oder kann von den Dominanzmaßen ein oligopolistischer Kern oder ein marktbeherrschendes Unternehmen abgegrenzt werden, sollte anhand weiterer Strukturmerkmale überprüft werden, ob nach dem Zusammenschluß noch Wettbewerb möglich ist. Zeigen die Konzentrationsmaße nach dem Zusammenschluß eine niedrige Konzentration an und kann von den Dominanzmaßen kein Oligoplkern und kein marktbeherrschendes Unternehmen abgegrenzt werden, sollte der Zusammenschluß gestattet werden. Analog dazu sollte die Europäische Fusionskontrollverordnung präzisiert werden. Wie in Abschnitt 3.2. noch erläutert wird, sollte aufgrund der obengenannten positiven Eigenschaften auch § 22, Abs. 3 GWB durch die Verwendung des Hirschman-Herfindahl-Index präzisiert werden.

3.2. Die überproportionale Gewichtung von Großunternehmen durch den erweiterten Hirschman-Herfindahl-Index

Die erweiterten Hirschman-Herfindahl-Indices unterscheiden sich von den üblichen Hirschman-Herfindahl-Indices durch die Art der Gewichtung der Merkmalsträger:[1]

(3.13) $$HHI_{\alpha} = \sqrt[\alpha-1]{\sum_{i=1}^{n} p_i^{\alpha}}$$

Für Werte von $\alpha > 2$ werden die Marktanteile der großen Unternehmen stärker gewichtet als bei herkömmlichen Hirschman-Herfindahl-Indices. Strebt α gegen unendlich, entspricht HHI_{α} der mit 100 multiplizierten Ein-Firmen-Konzentrationsrate CR_1. Kein erweiterter Hirschman-Herfindahl-Index kann beispielsweise Werte größer als 0,5 liefern, wenn der Marktanteil des größten Unternehmens 50% beträgt. Der erweitere Hirschman-Herfindahl-Index ergibt also häufig Punkte im unteren Bereich des Intervalls [0;1]. Für Werte von $\alpha < 2$ werden die Marktanteile der kleinen Unternehmen stärker gewichtet im Vergleich zu dem üblichen Hirschman-Herfindahl-Index. Für den Grenzfall $\alpha = 1$ ergibt sich der Exponentialindex. Strebt α gegen Null, nähert sich HHI_{α} der Zahl der Unternehmen des Marktes an.

Der Unterschied zwischen den erweiterten und den üblichen Hirschman-Herfindahl-Indices liegt also in der Bedeutung, die den Marktteilnehmern beigemessen wird. Die Bedeutung von großen Unternehmen wird um so stärker hervorgehoben, je höher α ist, im Grenzfall wird nur der Marktanteil des größten Unternehmens berücksichtigt. Der Hirschman-Herfindahl-Index mißt den Marktanteilen großer Unternehmen einen höheres Gewicht zu als der Exponential-Index. Da bei den herkömmlichen Hirschman-Herfindahl-Indices den Marktantei-

[1] Vgl. Piesch / Schmidt (1983), S.27

len großer Unternehmen bereits ein überdurchschnittlich hohes Gewicht zugemessen wird, ist der Einsatz von erweiterten Hirschman-Herfindahl-Indices in der Wettbewerbspolitik mit Werten von $\alpha > 2$ nur dann zu empfehlen, wenn ein spezielles Untersuchungsziel zugrundegelegt wird. Die Wahl von α ist von der wirtschaftlichen Beurteilung der Bedeutung großer Marktteilnehmer für die Wettbewerbssituation abhängig: je größer die wirtschaftliche Bedeutung ist, die man großen Marktteilnehmern beimißt, desto höher sollte α gewählt werden.

3.3. Die Konzentrationsraten

3.3.1. Die Verwendung der Konzentrationsraten im Gesetz gegen Wettbewerbsbeschränkungen

Konzentrationsraten werden nur im deutschen Gesetz gegen Wettbewerbsbeschränkungen verwendet. Nach § 22, Abs. 3, liegt Marktbeherrschung vor, wenn ein Unternehmen einen Marktanteil von mindestens einem Drittel hat (außer, wenn das Unternehmen im letzten Geschäftsjahr Umsatzerlöse von weniger als 250 Millionen DM hatte) oder wenn drei oder weniger Unternehmen einen Marktanteil von mindestens 50% haben oder wenn fünf oder weniger Unternehmen einen Marktanteil von mindestens zwei Drittel haben (außer, wenn die Unternehmen im letzten Geschäftsjahr Umsatzerlöse von weniger als 100 Millionen DM hatten).

3.3.2. Nicht-Berücksichtigung der Marktanteile der Unternehmen

Die Konzentrationsrate CR kann definiert werden als numerischer Ausdruck eines beliebigen Punktes k der kumulativen Konzentrationskurve. Sie gibt somit die bis zu diesem Punkt aufsummierten Marktanteile p_i der k größten Unternehmen eines Marktes an:

$$CR_k = \sum_{i=1}^{k} p_i \tag{3.14}$$

Die veröffentlichten Konzentrationsraten stellen eher "Produktionsanteile" der größten inländischen Unternehmen dar als ihre tatsächlichen Marktanteile. Um die Wettbewerbsfähigkeit eines Marktes messen zu können, müssen jedoch Importe berücksichtigt werden und Exporte ausgeschlossen werden.

Werden Exporte berücksichtigt, kommt es durch die Konzentrationsrate zu einer Überschätzung des Konzentrationsgrades einer Branche, wenn die k führenden Unternehmen relativ mehr exportieren als dieser Industriezweig insgesamt.[1] Die Unterschätzung des Konzentrationsgrades durch die Nicht-Berücksichtigung von Importen hängt dementsprechend mehr oder weniger von dem Grad der Importorientierung einer Branche ab; wie bereits dargestellt, erhöhen Importe das Marktvolumen einer Branche und Exporte vermindern das Marktvolumen einer Branche.[2]

Der Ausschluß der Exporte und die Berücksichtigung der Importe führt zu den tatsächlichen Marktanteilen, die das tatsächlich auf einem Markt auftretende Angebot wiedergeben:[3]

(3.15) $$CR_k = p_k + (Im_k - Ex_k) * 100$$

Im_k sind die Marktanteile der Importe der k größten Unternehmen an dem auf einem tatsächlichen Markt auftretenden Angebot, Ex_k sind die Marktanteile der Exporte der k größten Unternehmen.

3.3.3. Die Bedeutung der Zahl der berücksichtigten Unternehmen

Die Zahl der berücksichtigten Unternehmen kann die Beurteilung der Wettbewerbssituation eines Marktes beeinflussen. Sie beruht nicht auf ökonomischen Erwägungen, sondern wird durch Geheimhaltungsbestimmungen der amtlichen Statistik diktiert. In den USA und in Kanada werden die Konzentrationsraten für die

1 Vgl. Schmidbauer (1974), S.178
2 Vgl. Abschnitt 2.2.2. der vorliegenden Untersuchung
3 Vgl. Marfels (1979), S.130 f.

vier größten Unternehmen, in der Bundesrepublik Deutschland für die drei größten Unternehmen eines Marktes veröffentlicht.[1] Der Einfluß der Zahl der berücksichtigten Unternehmen auf die Erfassung einer Marktstruktur wurde von Bain anhand eines Beispiels verdeutlicht.

Tab. 9: Konzentrationskoeffizienten einer Branche zu verschiedenen Zeitpunkten

Konzentrationskoeffizient	Zeitpunkt I	Zeitpunkt II
CR_4	60 %	50 %
CR_8	70 %	75 %
CR_{20}	80 %	80 %

Quelle: Kamerschen, David R.: American Antitrust Policy: At the Half-Way House, in: Antitrust Bulletin, vol. 10 (1965), S.888

Betrachtet man die 4 größten Unternehmen, ist der Konzentrationsgrad dieses Marktes offensichtlich gefallen; betrachtet man die 8 größten Unternehmen, ist der Konzentrationsgrad gestiegen. Für die 20 größten Unternehmen ist der Konzentrationsgrad unverändert geblieben.[2]

Ein Marktanteilsgewinn des fünftgrößten Unternehmens auf Kosten des zehntgrößten Unternehmens würde beispielsweise von einer Vier-Firmen-Konzentrationsrate nicht angezeigt werden, da diese ja nur die Marktanteile der vier größten Unternehmen berücksichtigt, bei Verwendung einer Konzentrationsrate für die fünf größten Unternehmen jedoch angezeigt werden.[3] Es gibt keinen plausiblen Grund dafür, dem Marktanteil des viertgrößten Unternehmens volle Bedeutung beizumessen, und den Marktanteil des fünftgrößten Unternehmens

[1] Vgl. Marfels (1977), S.49 f.
[2] Vgl. Bain (1966), S.888
[3] Vgl. Finkelstein / Friedberg (1966), S.680

vollkommen unberücksichtigt zu lassen. Dies zeigt, daß zur Erfassung des Konzentrationsgrades eines Marktes der Einsatz einer bestimmten Konzentrationsrate nicht ausreichend ist, sondern mehrere Konzentrationsmaße eingesetzt werden müssen.

3.3.4. Keine ausreichende Erfassung von Unternehmenszusammenschlüssen

Ein weiterer großer Nachteil ist die nicht ausreichende Erfassung von Unternehmenszusammenschlüssen bei der Verwendung von Konzentrationsraten im Gegensatz zum Hirschman-Herfindahl-Index, wie anhand Tabelle 10a verdeutlicht werden kann.[1] Für folgende Märkte erhält man jeweils eine Vier-Firmen-Konzentrationsrate von 100%:

Tab.10a: Mögliche Marktanteilsverteilungen bei gegebener CR_4 von 100% vor einer Fusion

	Markt A	Markt B	Markt C
Firma	p_i	p_i	p_i
1	25 %	79 %	97 %
2	25 %	7 %	1 %
3	25 %	7 %	1 %
4	25 %	7 %	1 %

1 Vgl. Weinstock (1982), S.288 f.; Bartling (1980), S.84

Fusionieren das größte und das drittgrößte Unternehmen, ergibt sich folgendes Bild:

Tab.10b: Mögliche Marktanteilsverteilungen bei gegebener CR_4 von 100% nach einer Fusion

	Markt A	Markt B	Markt C
Firma	p_i	p_i	p_i
1+3	50 %	86 %	98 %
2	25 %	7 %	1 %
4	25 %	7 %	1 %

Trotz einer Zunahme des Konzentrationsgrades zeigt die Vier-Firmen-Konzentrationsrate denselben Wert an wie vor der Fusion.

3.3.5. Nicht-Berücksichtigung der Gesamtzahl der Unternehmen eines Marktes

Ein weiterer Nachteil der Konzentrationsraten besteht darin, daß sie die Gesamtzahl der Unternehmen eines Marktes nicht erfassen, sondern lediglich die Marktanteile der k größten Unternehmen zur Messung des Konzentrationsgrades berücksichtigten.[1]

Der Wert der Konzentrationsrate ändert sich nur, wenn eines der k größten Unternehmen eines Marktes Marktanteile gewinnt, oder verliert im Vergleich zu den übrigen Unternehmen. Die Konzentrationsrate zeigt Veränderungen der Marktanteile der k größten Unternehmen nicht an, wenn ihr aggregierter Marktanteil konstant bleibt; ebenso werden Veränderungen der Marktanteile der restlichen Unternehmen durch die Konzentrationsrate nicht erfaßt, wenn ihr aggregierter

[1] Vgl. Weinstock (1982), S.285

Marktanteil konstant bleibt. Diese Marktanteilsgewinne oder -verluste können jedoch von erheblicher ökonomischer Relevanz sein.[1]

Das Abschneiden der Größenverteilung der Merkmalsträger führt zu einem Informationsverlust, denn dadurch können nur Konzentrationssituationen bzw. Konkurrenzveränderungen innerhalb der k größten Unternehmen eines Marktes erkennbar werden. Bei einem Oligopol können sich z.B. folgende, von der Vier-Firmen-Konzentrationsrate vernachlässigte Restverteilungen ergeben (vgl. Tab. 11):

Tab.11: Mögliche Verteilungen der restlichen Unternehmen bei symmetrischem Oligopol in der Kerngruppe und gegebener CR_4 von 50%

	Markt A	Markt B	Markt C	Markt D
Firma	p_i	p_i	p_i	p_i
1	12,5 %	12,5 %	12,5 %	12,5 %
2	12,5 %	12,5 %	12,5 %	12,5 %
3	12,5 %	12,5 %	12,5 %	12,5 %
4	12,5 %	12,5 %	12,5 %	12,5 %
5		10 %	12,5 %	12,5 %
6		10 %	10 %	12,5 %
7		10 %	10 %	12,5 %
8			7,5 %	12,5 %
9	50*1 %	20*1 %	10*1 %	

Da die Vier-Firmen-Konzentrationsrate nur die Marktanteile der vier größten Unternehmen eines Marktes berücksichtigt, zeigt sie für das aus 54 Unternehmen bestehende symmetrische Teiloligopol (Markt A) denselben Konzentrationsgrad an wie für das aus lediglich aus 8 Unternehmen bestehende symmetrische

[1] Vgl. Finkelstein / Friedberg (1966), S.680

Oligopol (Markt D). Zur Beurteilung der Wettbewerbssituation von Märkten ist es also notwendig, auch die Gesamtzahl der Marktteilnehmer zu berücksichtigen. Durch die hohe Zahl der Unternehmen der Restgruppe auf Markt A kann es durchaus zu intensivem Wettbewerb kommen, während auf Markt D durch die geringe Anzahl der Unternehmen der Restgruppe und die Interessensymmetrie zwischen den Unternehmen des Marktes es eher zu wettbewerbsbeschränkenden Verhaltensweisen kommen kann. Der ausschließliche Einsatz von Konzentrationsraten genügt nicht, um wettbewerbsgefährdende Marktstrukturen zu erfassen, es müssen zusätzliche Maße eingesetzt werden zur Erfassung des Abstandes der Unternehmen der Oligopolgruppe zu den Unternehmen der Restgruppe und zur Erfassung der Verteilung der Marktanteile der Unternehmen der Restgruppe.

3.3.6. Nicht-Berücksichtigung der Disparität

Die Disparität der Marktanteile der k größten Unternehmen eines Marktes wird von der Konzentrationsrate nicht berücksichtigt. Der Grad der Wettbewerbsgefährdung muß jedoch je nach der Verteilung der Marktanteile innerhalb der k größten Unternehmen unterschiedlich beurteilt werden. Folgende Marktsituationen können beispielsweise zu einer Vier-Firmen-Konzentrationsrate von 50% führen (vgl. Tab. 12):

Tab.12: Mögliche Marktanteilsverteilungen bei gegebener CR_4 von 50%

Firma	Markt A	Markt B	Markt C
	p_i	p_i	p_i
1	12,5 %	20 %	47 %
2	12,5 %	12 %	1 %
3	12,5 %	10 %	1 %
4	12,5 %	8 %	1 %

Die Wettbewerbssituation in den drei Märkten kann nicht als identisch beurteilt werden kann. Um eine plausible Aussage über den Grad der Wettbewerbsgefährdung eines Marktes zu erhalten, muß daher außer den Marktanteilen der k größten Unternehmen auch die Verteilung der Marktanteile der k größten Unternehmen untereinander sowie der Abstand zu den Marktanteilen der übrigen Unternehmen und deren Verteilung untereinander berücksichtigt werden.[1]

3.3.7. Vorteile und Nachteile der Anwendung von Konzentrationsraten

Für die Verwendung von Konzentrationsraten sprechen folgende Gründe:

- Konzentrationsraten sind die international gebräuchlichsten Konzentrationsmasse. Konzentrationsraten werden regelmäßig in den Vereinigten Staaten, in Großbritannien, in Japan und in Frankreich veröffentlicht, von Zeit zur Zeit auch in Kanada, in der Bundesrepublik Deutschland und in Schweden.[2]

- Die Datenerfordernisse für die Berechnung von Konzentrationsraten sind im Vergleich zu den summarischen Konzentrationsmaßen gering. Während zur

[1] Vgl. Piesch / Schmidt (1983), S.17

[2] Vgl. Marfels (1971c), S.491

Berechnung der summarischen Konzentrationsmaße die Marktanteile sämtlicher Unternehmen bekannt sein müssen, genügt bei den Konzentrationsraten die Kenntnis der Marktanteile der k größten Unternehmen. Aufgrund von amtlichen Geheimhaltungsvorschriften sind wie bereits erwähnt Marktanteile dieser Unternehmen jedoch nicht immer verfügbar.[1]

- Konzentrationskoeffizienten bringen die Größe und die Größenverteilung der Merkmalsträger auf anschauliche Weise beispielhaft zum Ausdruck. Zusammen mit anderen strukturellen Kennzeichen der Märkte wie z.B. der Zahl der Marktteilnehmer erlauben Konzentrationskoeffizienten die gesonderte Würdigung konzentrationsrelevanter Tatbestände. In summarischen Konzentrationsmaßen werden sämtliche Strukturmerkmale vermengt und damit einer unmittelbaren wettbewerbspolitischen Beurteilung entzogen.

- In Konzentrationskoeffizienten kommt bevorzugt die Konzentration auf die jeweils größten Unternehmen zum Ausdruck. Diesen Unternehmen gilt auch ein besonderes wettbewerbspolitisches Interesse.

- Für die Anwendung der Konzentrationskoeffizienten in der deutschen Wettbewerbspoitik erweist sich die Vergleichbarkeit mit den quantitativen Konzentrationskriterien, die in Form der Vermutungstatbestände des § 22 Abs.3 GWB Eingang in das deutsche Wettbewerbsrecht gefunden haben, als vorteilhaft.

Konzentrationsraten haben jedoch folgende Nachteile:

- Die Gesamtzahl der Unternehmen eines Marktes wird von den Konzentrationsraten nicht berücksichtigt

[1] Vgl. Monopolkommission (1976), Tz.152

- Veränderungen der Marktanteile der k größten Unternehmen werden von Konzentrationsraten nicht erfaßt, wenn der aggregierte Marktanteil dieser Unternehmen konstant bleibt; ebenso werden Veränderungen der Marktanteile der restlichen Unternehmen durch die Konzentrationsrate nicht erfaßt, wenn ihr aggregierter Marktanteil konstant bleibt

- Die Disparität der Marktanteile der größten Unternehmen und die Disparität der Marktanteile der restlichen Unternehmen werden von den Konzentrationsraten nicht erfaßt

3.3.8. Handlungsempfehlungen für die Wettbewerbspolitik

Aufgrund ihrer Anschaulichkeit, ihrer internationalen Gebräuchlichkeit und der geringen Datenerfordernisse können Konzentrationsraten zur Gewinnung eines ersten Überblicks über die Konzentration von Märkten verwendet werden, ein ausschließlicher Einsatz der Konzentrationsrate ist aber nicht ausreichend, um die Entstehung wettbewerbsgefährdender Marktstrukturen zu verhindern. Es muß zusätzlich ein summarisches Konzentrationsmaß (der Hirschman-Herfindahl-Index) eingesetzt werden, das die Anzahl der Marktteilnehmer berücksichtigt, und Disparitätsmaße (L_4^* und L_8^*), die den Grad der Ungleichverteilung der Marktanteile der Unternehehmen der Oligopolgruppe und der Marktanteile der restlichen Unternehmen erfassen; außerdem sollten als Dominanzmaße der Anstiegsindex D_k^A, die längste Konzentrationskurvensehne D_k^S, das Hirschman-Herfindahl-Dominanzmaß D_k^{HHI}, das Linda-Dominanzmaß D_k^Q und die relative mittlere Dominanz L_k eingesetzt werden, um die Stärke des Abstandes der Marktanteile eines dominierenden Einzelunternehmens bzw. der Marktanteile einer Oligopolgruppe zu den Marktanteilen der übrigen Unternehmen erfassen.

§ 22, Abs. 3 GWB sollte präzisiert werden: Marktbeherrschung liegt vor, wenn:

(1) der Hirschman-Herfindahl-Index nach einen Zusammenschluß über 1.000 Punkte liegt, oder
(2) ein Unternehmen nach einem Zusammenschluß einen Marktanteil von mindestens einem Drittel hat, oder wenn
(3) drei oder weniger Unternehmen nach einem Zusammenschluß einen Marktanteil von mindestens 50% haben, oder wenn
(4) fünf oder weniger Unternehmen nach einem Zusammenschluß einen Marktanteil von mindestens zwei Dritteln haben.

In den Fällen (3) und (4) ist dem Ergebnis der Abgrenzung oligopolistischer Kerne mit Hilfe von Dominanzmaßen Rechnung zu tragen, d. h. der Oligopolkern kann im Einzelfall enger oder weiter sein.

In diesen Fällen sollte ein Zusammenschluß anhand weiterer Strukturmerkmale überprüft werden; unterschreiten die Konzentrationsmaße die kritischen Schwellenwerte und kann von den Dominanzmaßen kein Oligopolkern und kein marktbeherrschendes Unternehmen abgegrenzt werden, sollte ein Zusammenschluß gestattet werden.

Trotz hoher Konzentrationsraten kann intensiver Wettbewerb herrschen. Zeigt eine Konzentrationsrate oder ein weiteres Konzentrations- oder Dominanzmaß eine hohe Konzentration an und sind beispielsweise die Markteintrittsbarrieren niedrig oder führt ein Zusammenschluß zu einer Preissenkung, sollte der Zusammenschluß gestattet werden.

3.4. Entropiemaße

3.4.1. Das informationstheoretische Konzept und sein Bezug zum Wettbewerb

Die theoretische Grundlage für die Entropiemaße stammt aus der Thermodynamik. In der Thermodynamik ist das Konzept der Entropie eng mit der Wahrscheinlichkeit von Gaszuständen verbunden.[1] Die Entropie drückt dann beispielsweise die Wahrscheinlichkeit aus, mit der alle Moleküle eines Gases in den Zellen eines Raumes mit gegebenem Volumen bleiben. Je geringer die Wahrscheinlichkeit, daß Gasmoleküle an einem zufällig gewählten Punkt innerhalb des betrachteten Raumes bleiben, desto größer ist die Entropie.

Die Erkenntnisse der Thermodynamik wurden von der Informationstheorie übernommen.[2] Ausgangspunkt der Informationstheorie ist die Frage nach dem Informationsgehalt einer bestimmten Nachricht. Unter einer bestimmten Nachricht kann man beispielsweise die Mitteilung verstehen, daß ein bestimmtes Ereignis eingetreten sei. Je größer die Eintrittswahrscheinlichkeit für ein bestimmtes Ereignis, desto kleiner ist der Informationsgehalt der Mitteilung, daß das Ereignis tatsächlich eingetreten ist.[3]

Ist p_k die Wahrscheinlichkeit, mit der ein bestimmtes Ereignis E_k eintritt, kann folgende Funktion als geeignetes Maß für den Informationsgehalt einer Mitteilung, daß das Ereignis eingetreten sei, angesehen werden:

(3.16) $$h(p_k) = \log\left(\frac{1}{p_k}\right) = -\log p_k$$

1 Vgl. Polatejew (1963), S.141 ff., S.232 f.
2 Vgl. Shannon (1948), S.379-423, S.623-656
3 Vgl. Spaetling (1970), S.241 f.

$h(p_k)$ ist ein geeignetes Maß, weil der Informationsgehalt der Nachricht über das Eintreten des Ereignisse k mit der Wahrscheinlichkeit p_k von der Wahrscheinlichkeit 0 bis zur Wahrscheinlichkeit 1 abnehmen muß. Die Funktion nimmt den Wert Null an, wenn es nur ein sicheres Ereignis gibt, d.h. wenn ein $p_i = 1$ ist, und alle anderen gleich Null sind. Außerdem hat das Maß $h(p_k)$ gegenüber möglichen anderen fallenden Funktionen den Vorteil, daß man mit ihm den Informationsgehalt einer Nachricht über das Eintreten zweier, voneinander unabhängiger Ereignisse als Summe der Informationsgehalte der Nachrichten, daß die beiden Ereignisse eingetreten sind, bestimmen kann. Bei mehreren Ereignissen $E_i(i=1,2,...,n)$, die mit den Wahrscheinlichkeiten $p_i\left(\sum_{i=1}^{n} p_i = 1\right)$ eintreten können, kann für jedes unsichere Ereignis E_i der erwartete Informationsgehalt bestimmt werden.

Der Informationsgehalt der Erwartung, daß das Ereignis E_k mit der Wahrscheinlichkeit p_k eintritt, ist gleich $p_k(-\log p_k)$; der Informationsgehalt der Mitteilung, daß E_k schon eingetreten ist, wird durch $-\log p_k$ angegeben. Betrachtet man die Menge alle möglichen Ereignisse E_i und fragt nach der Information, daß irgendeines dieser Ereignisse erwartet werden kann, wird folgende Formel verwendet:[1]

$$(3.17) \qquad H(p) = -\sum_{i=1}^{n} p_i * \log p_i = \sum_{i=1}^{n} p_i * \log \frac{1}{p_i}; \; p_i > 0$$

Dieser Erwartungswert wird als Entropie bezeichnet und gibt die Information an, die im Durchschnitt bei Eintritt irgendeines Ereignisses aus einer Menge möglicher Ereignisse erwartet werden kann.[2] Das Entropiemaß kann als Konzentrationsmaß interpretiert werden, wenn man die für die einzelnen Ereignisse bekannten Wahrscheinlichkeiten uminterpretiert und stattdessen die Marktanteile verwendet und wenn für die Ereignisse stellvertretend die Unternehmen stehen.

1 Vgl. Theil (1967), S.290; Horowitz, A. / Horowitz, I. (1968), S.197
2 Vgl. Spaetling (1970), S.242 f.

Hildenbrand und Paschen definieren ihr aus der Entropie abgeleitetes Maß folgendermaßen:[1]

$$\varepsilon(p_i) = \sum_{i=1}^{n} p_i * \log p_i \qquad (3.18)$$

Zwischen diesem informationstheoretischen Konzept und dem Wettbewerbsgrad eines Marktes besteht folgender Zusammenhang: Je größer der Wettbewerbsgrad, desto größer ist die Unsicherheit für eine bestimmte Zahl von Anbietern, ob ein zufällig ausgewählter Anbieter ihr Produkt auswählt. Wird die Entropie als Maß für den Wettbewerbsgrad eines Marktes verwendet und werden die Wahrscheinlichkeiten p_i für das Eintreten von bestimmten Ereignissen als Marktanteile betrachtet, kann H als der gewichtete Durchschnitt der Logarithmen der Marktanteile der Unternehmen eines Wirtschaftszweiges aufgefaßt werden. Im Monopolfall nimmt H den Wert Null an, denn für den Monopolisten besteht keine Unsicherheit darüber, ob ein Nachfrager sein Produkt auswählen wird.[2] Aus Sicht des Nachfragers kann der Wettbewerbsgrad auch als Maß für die Freiheit zwischen den vorhandenen Anbietern zu wählen aufgefaßt werden.[3]

3.4.2. Die Berücksichtigung der Anzahl der Unternehmen und der Größenverteilung der Unternehmen

Wie bei anderen summarischen Konzentrationsmaßen, beispielsweise dem Hirschman-Herfindahl-Index, besteht ein Vorteil der Entropie als Maß für den Wettbewerbsgrad eines Marktes darin, daß sie sowohl die Anzahl der Marktteilnehmer als auch deren Größenverteilung berücksichtigt. Die Anzahl der Marktteilnehmer bestimmt den möglichen maximalen Wettbewerbsgrad. Setzt sich ein

1 Vgl. Hildenbrand / Paschen (1964), S.56
2 Vgl. Horowitz, A. / Horowitz, I. (1968), S.197
3 Vgl. Spaetling (1970), S.244

Markt aus n gleichgroßen Unternehmen mit dem Marktanteil p_i (p_i=1/n) zusammen, erhält man bei gegebenem n den maximalen Wettbewerbsgrad H_{max}:

(3.19) $$H_{max} = n * \left(-\frac{1}{n}\log\frac{1}{n}\right) = \left(-\log\frac{1}{n}\right) = \log n$$

Eine gleichmäßigere Verteilung der Marktanteile ergibt nicht notwendigerweise einen höheren Wettbewerbsgrad oder einen höheren H-Wert, wenn die Zahl der Unternehmen gleichzeitig abgenommen hat: eine gleichmäßigere Verteilung der Marktanteile führt einerseits zu einer Erhöhung der Entropie und des Wettbewerbsgrades, andererseits führt ein Abnehmen der Zahl der Marktteilnehmer zu einem Sinken der Entropie und des Wettbewerbsgrades.

Im Monopolfall erreicht die Entropie ihr Minimum, den Wert Null, denn es gilt:[1]

$$H(p) = -1 \log 1 = 0$$

3.4.3. Das Entropiemaß als Maß der Abweichung des tatsächlichen vom maximalen Wettbewerbsgrad

Außer dem maximal möglichen Wettbewerbsgrad eines Marktes und dem tatsächlich herrschenden Wettbewerbsgrad kann auch das Ausmaß bestimmt werden, in dem der Wettbewerbsgrad eines Marktes sein maximal mögliches Niveau erreicht oder nicht erreicht. Ein geeignetes Maß dieser Abweichung des tatsächlichen vom maximal möglichen Wettbewerbsgrad ist die relative Entropie RH bei gegebenem n:

(3.20) $$RH = \frac{H}{H_{max}}$$

[1] Vgl. Horowitz, A. / Horowitz, I. (1968), S.198 f.

Die Entropie als Maß des Wettbewerbsgrades kann somit auch durch folgende Formel dargestellt werden:

(3.21) $H = H_{max} * RH$

Die Entropie wird hiermit in eine Verteilungs- und in eine Anzahlkomponente zerlegt, wobei die maximale Entropie H_{max} die Wirkung der Anzahl der Marktteilnehmer (Mengenkomponente) erfaßt, und die relative Entropie die Wirkung der Größenverteilung (Verteilungskomponente) auf den Grad des Wettbewerbs ausdrückt.[1]

3.4.4. Der Wertebereich des Entropiemaßes und die Abnahme des Entropiemaßes bei zunehmender Konzentration

Die Verwendung der Entropiemaße als Konzentrationsindizes wurde unabhängig voneinander von Finkelstein / Friedberg, A. Horowitz / I. Horowitz und von Theil vorgeschlagen. Gegen die Anwendung der Entropiemaße in der Wettbewerbspolitik spricht ihr zum Konzentrationsgrad entgegengesetzter Verlauf (Minimalwert Null für das Monopol, mit zunehmender Konzentration nimmt der Wert des Entropiemaßes ab) und die Nichterfüllung des Normierungskriteriums (das Entropiemaß liegt im Intervall [0;logn] bei gegebenem n). Durch die Umkehrung des Verlaufs des Entropiemaßes und Normierung mit Hilfe der Redundanz kann jedoch eine ökonomische Anwendung ermöglicht werden:[2]

[1] Vgl. Spaetling (1970), S.248 f.;Vgl. Horowitz, A. / Horowitz, I. (1968), S.199

[2] Vgl. Bihn (1967)

Die absolute Redundanz

(3.22) $R(p) = \log n - H(p)$

bewirkt einen umgekehrten Verlauf des Entropiemaßes (mit zunehmendem Konzentrationsgrad nimmt die Redundanz zu) und die relative Redundanz

(3.23) $\bar{R}(p) = \left[\frac{\log n - H(p)}{\log n}\right] = 1 - \left[\frac{H(p)}{\log n}\right]$

die Normierung des Entropie-Maßes auf das Intervall $[0, 1]$.

Eine genaue Untersuchung dieses Maßes zeigt jedoch, daß es durch die vorgenommene Umformung kein Konzentrationsmaß mehr, sondern ein Disparitätdmaß ist. Bei Gleichverteilung ist die relative Redundanz nicht in der Lage, eine absolut kleine Zahl von Unternehmen als erhöhte Konzentration zu erkennen; sie nimmt stattdessen bei Gleichverteilung den Wert Null an.

Eine weitere Möglichkeit bietet sich durch das "Wettbewerbsmaß" n_G dar:[1]

(3.24) $n_G(H) = \text{anti}\log\, H(p) = \prod_{i=1}^{n} \left(\frac{i}{p_i}\right)^{p_i}; \; 1 \leq n_G(H) \leq n$

$n_G(H)$ erreicht sein Maximum bei n.

Als Reziprokwert dieses Wettbewerbsmaßes erhält man den Exponentialindex[2].

1 Vgl. Marfels (1971b), S.75
2 Vgl. Abschnitt 3.5. der vorliegenden Untersuchung

3.4.5. Die Bestimmung der Auswirkung einer Gruppe von Unternehmen auf die Gesamtkonzentration durch die Disaggregationseigenschaft des Entropiemaßes

Besonders vorteilhaft für ökonomische Analysen ist die Disaggregationseigenschaft des Entropiemaßes. Teilt man die Unternehmen einer Branche in verschiedene Gruppen $G_j(j=1,...,J)$ ein, erhält man die Gesamt-Entropie als Summe der Zwischen-Gruppen-Entropien und der mit den Marktanteilen der jeweiligen Gruppen gewichteten Inner-Gruppen-Entropien:[1]

(3.25) $$H(p) = H_0(p)+\sum_{j=1}^{J} p_j * H_j(p),$$

wobei

(3.26) $$H_0(p) = \sum_{j=1}^{g} p_j * \log\left(\frac{1}{p_j}\right); \; p_j = \sum_{i \in G_j} p_i$$

die Zwischen-Gruppen-Entropie repräsentiert und

(3.27) $$H_j(p) = \sum_{i \in G_j} \frac{p_i}{p_j} * \log \frac{p_j}{pi}$$

Entropie in der j-ten Gruppe. Der Marktanteil des Unternehmens i der Gruppe j wird durch p_i angegeben und der Marktanteil der Gruppe j durch p_j.

Mit Hilfe der Disaggregationseigenschaft kann man auch die Auswirkungen von Unternehmenszusammenschlüssen auf das Entropiemaß darstellen.

1 Vgl. Theil (1967), S.292

Besteht ein Markt aus vier Unternehmen mit den Marktanteilen p_1, p_2, p_3 und p_4, erhält man als H-Wert:

$$(3.28) \qquad H = p_1 * \log\left(\frac{1}{p_1}\right) + p_2 * \log\left(\frac{1}{p_2}\right) + p_3 * \log\left(\frac{1}{p_3}\right) + p_4 * \log\left(\frac{1}{p_4}\right)$$

Schließt sich das zweite und das dritte Unternehmen zusammen, erhält man als neuen H-Wert:

$$(3.29) \qquad H = p_1 * \log\left(\frac{1}{p_1}\right) + (p_2 + p_3) * \log\left(\frac{1}{p_2 + p_3}\right) + p_4 * \log\left(\frac{1}{p_4}\right)$$

Die durch das Entropiemaß gemessene additive Änderung des Konzentrationsniveaus beträgt somit:

$$(3.30) \qquad \Delta H = (p_2 + p_3) * \log\left(\frac{1}{p_2 + p_3}\right) - \left[p_2 * \log\left(\frac{1}{p_2}\right) + p_3 * \log\left(\frac{1}{p_3}\right)\right]$$

Dieser Ausdruck kann, entsprechend umgeformt, als Inner-Gruppen-Entropie der fusionierenden Unternehmen interpretiert werden. $\Delta H(p)$ ist stets negativ (p_1, $p_2 > 0$). Andere Konzentrationsmaße, wie z. B. der Hirschman-Herfindahl-Index, haben diese Eigenschaft nicht und ermöglichen daher keine Komponentenanalyse. Die Fusion des zweiten und des dritten Unternehmens erhöht beispielsweise den Wert des Hirschman-Herfindahl-Index um

$$(3.31) \qquad \Delta HHI = (p_2 + p_3)^2 - p_2^2 - p_3^2 = p_2 p_3 ,$$

wirkt also multiplikativ im Gegensatz zur additiven Verknüpfung beim Entropiemaß.[1]

[1] Vgl. Marfels, (1971b), S.76

Außerdem kann mit der Disaggregationseigenschaft die Konzentration eines Wirtschaftszweiges in der EG in die Konzentration zwischen den einzelnen EG-Ländern und die gewichtete Konzentration innerhalb der einzelnen EG-Länder disaggregiert bzw. aggregiert werden.[1]

3.4.6. Das Entropiemaß als Äquivalenzzahl

Ähnlich wie für den Hirschman-Herfindahl-Index läßt sich für das Entropiemaß eine Äquivalenzzahl bestimmen.[2] Diese Äquivalenzzahl gibt die Zahl an gleichgroßen Unternehmen an, die notwendig ist, um ein bestimmtes, durch das Entropiemaß gemessene Konzentrationsniveau zu erzeugen. Für n gleichgroße Unternehmen mit dem Marktanteil p_i erhält man:

(3.32)
$$\begin{aligned} H &= -\sum_{i=1}^{n} p_i * \log p_i = -n * \frac{1}{n} * \log\left(\frac{1}{n}\right) \\ &= -\log 1 + \log n \\ &= \log n \end{aligned}$$

Löst man H=log n nach n auf, erhält man als Äquivalenzzahl:

(3.33)
$$n = \ddot{A}Z = \log H = e^H$$

Diese Äquivalenzzahl gibt die Zahl an gleichgroßen Unternehmen an, die notwendig ist, um ein bestimmtes, durch das Entropiemaß gemessene Konzentrationsniveau zu erzeugen.

1 Vgl. Jacquemin / Kunz (1971), S.59 ff.
2 Vgl. Horowitz, I. (1971), S.396 f.

3.4.7. Handlungsempfehlungen für die Wettbewerbspolitk

Wie alle summarischen Konzentrationsmaße zeigt das Entropiemaß im Gegensatz zu den Konzentrationsrate alle Veränderungen der Verteilung der Marktanteile der Marktteilnehmer an.[1] Das Entropiemaß verfügt zwar als einziges summarisches Konzentrationsmaß neben dem später noch zu behandelnden Exponential-Index über plausible Disaggregationseigenschaften, da das Entropiemaß jedoch die Nachteile der fehlenden Normierung und eines mit zunehmendem Konzentrationsgrad abnehmenden Wertes hat, ist von einer Verwendung des Entropiemaßes abzuraten. Die Fusionsrichtlinien sollten daher nicht durch Verwendung des Entropiemaßes präzisiert werden.

1 Vgl. Paschen / Buyse (1971), S.9

3.5. Der Exponential-Index

3.5.1. Die Vereinigung der Eigenschaften des Hirschman-Herfindahl-Index und des Entropiemaßes durch den Exponential-Index

Der Exponential-Index gehört ebenfalls zur Gruppe der Entropiemaße und basiert auch auf einem informationstheoretischen Ansatz. Man versuchte ein Konzentrationsmaß auf Basis des Entropie-Konzeptes zu finden ohne die Nachteile der fehlenden Normierung und des inversen Verlaufs. Bildet man den Reziprokwert des Antilogarithmus des Entropiemaßes erhält man als solches Maß den Exponential-Index E:[1]

(3.34) $$E = 1/\text{anti}\log H(p) = \prod_{i=1}^{n} p_i^{p_i}$$

Formal ist der Exponential-Index ein mit den Marktanteilen p_i gewichtetes geometrisches Mittel. Der Exponential-Index gehört ebenfalls zur Gruppe der Entropiemaße und kann als Versuch betrachtet werden, ein Konzentrationsmaß auf Grundlage des Entropie-Konzeptes zu finden, das die Vorteile des Entropiemaßes erhält, ohne seine Nachteile wie die fehlende Normierung und den inversen Verlauf zu übernehmen.[2]

Wie bereits erwähnt, ergibt sich der Exponential-Index außerdem für den Grenzfall $\alpha = 1$ des erweiterten Hirschman-Herfindahl-Index.

Durch die formale Verwandtschaft mit dem Entropiemaß und dem Hirschman-Herfindahl-Index vereinigt der Exponentialindex die Eigenschaften beider Indices in sich. Er unterscheidet sich jedoch vom Hirschman-Herfindahl-Index in der

1 Vgl. Marfels (1971b), S.75
2 Vgl. Häni (1987), S.98

Gewichtung der Merkmalsträger. Beim Exponential-Index werden im Vergleich zum Hirschman-Herfindahl-Index kleineren Marktteilnehmern durch die größere Gewichtung eine höhere Bedeutung ihrer Wettbewerbsfähigkeit beigemessen. Vergegenwärtigt man sich die Rolle von kleinen Unternehmern als Wettbewerber von Großunternehmen und die Forschungs- und Entwicklungshäufigkeit dieser Unternehmen, ist dies nachvollziehbar. Dementsprechend reagiert auch der Exponential-Index stärker auf Veränderungen der Marktanteile von kleinen Unternehmen.

Infolge der Gewichtung ist für die Berechnung des Exponentialindex die Kenntnis der gesamten Größenverteilung der Merkmalsträger Voraussetzung. Die Ermittlung eines Mindestsschätzwertes für den Exponential-Index bei unzureichend vorhandenem Datenmaterial ist also im Gegensatz zum Hirschman-Herfindahl-Index nicht möglich.

Empirische Untersuchungen ergaben, daß beim Exponential-Index wie beim Hirschman-Herfindahl-Index die Messergebnisse besonders häufig in den unteren Bereich des Intervalls [0,1] fallen. Durch die vergleichsweise niedrigen Werte besteht beim Hirschman-Herfindahl-Index eine noch größere Gefahr der Unterschätzung des auf einem Markt vorhandenen Konzentrationsgrades.[1]

3.5.2. Die Bestimmung der Auswirkung einer Gruppe von Unternehmen auf die Gesamtkonzentration durch die Disaggregationseigenschaft des Exponential-Index

Wie das Entropiemaß besitzt auch der Exponential-Index gute Disaggregationseigenschaften, die für die Beurteilung der Auswirkungen der Fusionen von Vorteil

[1] Vgl. Häni (1987), S.99

sind. Entsprechend der Herleitung des Exponential-Index über den Antilogarithmus des Entropiemaßes ergibt sich anstelle der additiven eine multiplikative Verknüpfung der Zwischen-Gruppen-Entropie und der Inner-Gruppen-Entropien zur Gesamt-Entropie.

Für J Unternehmensgruppen G_j=(j=1,...,J) eines Wirtschaftszweiges erhält man mit dem Exponential-Index E:

(3.35)
$$E = \prod_{i=1}^{n} p_i^{p_i}$$

$$= \prod_{j=1}^{J} p_j^{p_j} \left[\prod_{i \in G_j} (p_i/p_j)^{(p_i/p_j)} \right]^{p_j}$$

$$= \left(\prod_{j=1}^{J} p_j^{p_j} \right) \left\{ \prod_{j=1}^{k} \left[\prod_{i \in G_j} (p_i/p_j)^{(p_i/p_j)} \right]^{p_j} \right\}$$

$$= E_o \prod_{j=1}^{J} E_j^{p_j}$$

$$= E_o * E',$$

wobei E_o die Zwischen-Gruppen-Entropie darstellt, E_j die Inner-Gruppen-Entropie in der j-ten Gruppe und E' die gesamten Inner-Gruppen-Entropien, gewichtet mit den jeweiligen Marktanteilen der Gruppen[1].

Die multiplikative Verknüpfung der Terme für die Zwischen-Gruppen- und die Inner-Gruppen-Konzentration ermöglicht es, bei einem Zusammenschluß von zwei oder mehreren Merkmalsträgern die Veränderung des Exponential-Indexes allein aus den Anteilen dieser Merkmalsträger an der Merkmalssumme zu

1 Vgl. Marfels (1972), S.477

bestimmen, was beispielsweise bei einer Untersuchung über die Auswirkung einer Fusion auf die Marktstruktur vorteilhaft ist. Der Hirschman-Herfindahl-Index weist diese Eigenschaft nicht auf.

Besteht ein Markt aus vier Unternehmen mit den Marktabteilen p_1, p_2, p_3 und p_4, erhält man als Wert des Exponential-Index:

(3.36) $$E = p_1^{p_1} * p_2^{p_2} * p_3^{p_3} * p_4^{p_4}$$

Schließen sich das zweite und dritte Unternehmen zusammen, erhält man als neuen Wert des Exponential-Index:

(3.37) $$E = p_1^{p_1} * (p_2 + p_3)^{(p_2+p_3)} * p_4$$

Die durch den Exponential-Index gemessene Veränderung des Konzentrationsniveaus beträgt somit

(3.38) $$\Delta E = p_1^{p_1} * (p_2 + p_3)^{(p_2+p_3)} * p_4 - p_1^{p_1} * p_2^{p_2} * p_3^{p_3} * p_4^{p_4}$$

3.5.3. Der Exponential-Index als Äquivalenzzahl

Ebenso wie für den Hirschman-Herfindahl-Index kann für den Exponential-Index eine Äquivalenzzahl (durch den Kehrwert des Exponential-Index) für die Anzahl gleichgroßer Marktteilnehmer in einem Markt mit vergleichbarer Wettbewerbsintensität bestimmt werden, was für die Beurteilung der Wettbewerbsfähigkeit eines Marktes sehr hilfreich ist.

(3.39) $$ÄZ = 1/E = 1/\prod_{i=1}^{n} p_i^{p_i}$$

3.5.4. Die angemessene Reagibilität des Exponential-Index auf Veränderungen im Bereich kleiner Merkmalsträger

Ein weiterer Vorteil des Exponential-Index ist seine "angemessene" Reagibilität auf Veränderungen im Bereich kleiner Merkmalsträger. "Angemessen" ist hier im Sinne einer Mittelstellung zwischen der Unempfindlichkeit des Hirschman-Herfindahl-Index und der Überempfindlichkeit des Rosenbluth-Index[1] zu verstehen.

Nimmt man wiederum an, daß der Marktanteil eines dominierenden Unternehmens 90% beträgt und sich der Rest gleichmäßig auf 10,100,1.000 und 10.000 Unternehmen verteilt, erhält man folgende Konzentrationsgrade:

Tab.13: Werte des Exponential-Index für Märkte mit einem Marktführer von 90% Marktanteil und auf 10, 100, 1.000 und 10.000 Unternehmen gleichmäßig verteiltem Rest

Zahl der restlichen Unternehmen	E-Wert
10	0,4261
100	0,4558
1.000	0,3621
10.000	0,2876

Die mit steigender Zahl der Unternehmen abnehmende Konzentration wird also durch den Exponential-Index im Gegensatz zum Hirschman-Herfindahl-Index erfaßt.

[1] Vgl. Abschnitt 3.7 der vorliegenden Untersuchung

3.5.5. Handlungsempfehlungen für die Wettbewerbspolitk

Aufgrund seiner positiven Eigenschaften wie der Berücksichtigung der Gesamtzahl der Unternehmen eines Marktes und der Grössenverteilung der Unternehmen, der Normierung und der Zunahme der Werte des Exponential-Index bei zunehmender Konzentration sowie der Möglichkeit, die Auswirkungen von Fusionen auf die Marktstruktur aufgrund der Aggregationseigenschaft zu beurteilen, ist der Einsatz des Exponential-Index in der Wettbewerbspolitik empfehlenswert. Zur Erfassung wettbewerbsgefährdender Marktstrukturen sind die parallele Verwendung des Hirschman-Herfindahl-Index, der Konzentrationsraten und der Dominanzmaße ausreichend. Mit diesen Maßen können jedoch nicht die Auswirkungen von Unternehmenszusammenschlüssen auf die Marktstruktur erfaßt werden. Die Fusionsrichtlinien sollten präzisiert werden: Besteht das Untersuchungsziel in der Auswirkung von Unternehmenszusammenschlüssen, ist der Exponential-Index zu verwenden, ansonsten der Hirschman-Herfindahl-Index, die Konzentrationsraten und die Dominanzmaße.

3.6. Der Horvath-Index

3.6.1. Die Verbindung einer Ein-Firmen-Konzentrationsrate mit einem modifizierten Hirschman-Herfindahl-Index beim Horvath-Index

Der Horvath-Index, der auch "Comprehensive Concentration Index" bezeichnet wird, erfaßt die relative Größe des größten Unternehmens und die Streuung der Marktanteile der übrigen Unternehmen innerhalb eines Marktes.[1] Der Horvath-Index verbindet eine Ein-Firmen-Konzentrationsrate mit einem modifizierten Hirschman-Herfindahl-Index:

(3.41) $$CCI = p_i + \sum_{j=2}^{n} p_j^2[1 + (1 - p_j)] = p_i + \sum_{j=2}^{n} p_j^2(2 - p_j)$$

Verbal kann der Horvath-Index als Summe des Marktanteils des größten Unternehmen eines Marktes (p_i) und den quadrierten Marktanteilen der übrigen Unternehmen (p_j^2), gewichtet mit einem Faktor ($2-p_j$), der den Markanteil der übrigen Unternehmen repräsentiert, definiert werden. Der erste Teil entspricht der Konzentrationsrate CR_1 und erfaßt den Marktanteil des größten Marktteilnehmers; der zweite Teil entspricht einem durch den Faktor ($2-p_j$) gewichteten Hirschman-Herfindahl-Index. Durch diese Gewichtung wird allen Marktteilnehmen außer dem größten eine größere Bedeutung beigemessen als beim Hirschman-Herfindahl-Index. Im Gegensatz zum Hirschman-Herfindahl-Index, bei dem eine Häufung der Merkmalswerte im unteren Bereich des Intervalls [0,1] zu beobachten ist, kann beim Horvath-Index eine gewisse Tendenz zur Häufung von Merkmalswerten im mittleren und oberen Bereich dieses Intervalls festgestellt werden. Durch die Berücksichtigung des vollen Anteils des größten Merkmalsträgers an der gesamten Merkmalssumme wird die im Vergleich zum Hirschman-

[1] Vgl. Horvath (1970), S.446

Herfindahl-Index stärkere Reagibilität auf Veränderungen im Bereich kleiner Merkmalsträger fast vollständig kompensiert.[1]

Die unterschiedliche Gewichtung der Marktanteile (der Marktanteil des größten Unternehmens wird mit 1 gewichtet und die Marktanteile der übrigen Unternehmen mit dem Faktor $(2p_i - p_j^2)$) muß als willkürlich angesehen werden. Es gibt keinen plausiblen Grund dafür, daß nur der Marktanteil des größten Unternehmens in voller Höhe berücksichtigt wird; ebenso könnte man die Marktanteile der 2,3,4 etc. größten Unternehmen berücksichtigen. Durch diese Willkürlichkeit ist der Einsatz des Horvath-Index in der Wettbewerbspolitik nur begrenzt möglich; es kann ähnlich wie bei der Konzentrationsrate argumentiert werden.[2]

3.6.2. Die Nicht-Erfüllung der Verschiebungsprobe

Der Horvath-Index erfüllt nicht immer die Verschiebungsprobe, d. h. erhöht das größte Unternehmen seinen Marktanteil auf Kosten eines kleineren Unternehmens, erhöht sich die Konzentration nicht in jedem Fall. Vergrößert das größte Unternehmen seinen Marktanteil um ε % auf Kosten des j-ten Unternehmens und bleiben alle anderen Marktanteile konstant, erhält man:[3]

(3.42) $$\Delta CCI = \varepsilon + (p_j - \varepsilon)^2 * \left(1 + [1 - (p_j - \varepsilon)] - p_j^2 * 1 + [1 - p_j]\right)$$

$$= \varepsilon * \left[3p_j^2 - (3\varepsilon + 4) * p_j + (\varepsilon + 1)\right]^2$$

Ist $(3\varepsilon + 4)p_j > 3p_j^2 + (\varepsilon + 1)^2$ sinkt der Wert des Horvath-Index.

1 Vgl. Marfels (1977), S.59
2 Vgl. Marfels (1972), S.475
3 Vgl. Horowitz, A. (1972), S.602

Die Asymmetrie bezüglich des Marktanteils des größten Marktteilnehmers ist für mehrere seltsame Eigenschaften des Horvath-Index verantwortlich.

Setzt sich ein Markt aus zwei Unternehmen zusammen, weist der Horvath-Index ein Minimum für $p_1=2/3$ und $p_2=1/3$ auf.[1]

Besteht ein Markt aus zwei Unternehmen mit gleichgroßem Marktanteil ($p_1=p_2=1/2$) mißt der Horvath-Index eine höhere Konzentration als bei der ersten Marktkonstellation.

Aufgrund der willkürlichen Gewichtung ist die Untergrenze des Horvath-Index bei Gleichverteilung eine relativ komplizierte Funktion der Anzahl der Merkmalsträger. Bei n gleichgroßen Unternehmen erhält man als Untergrenze des Horvath-Index:[2]

(3.43) $$CCI_u = \left(\frac{3n^2 - 3n + 1}{n^3}\right)$$

3.6.3. Handlungsempfehlungen für die Wettbewerbspolitik

Der Horvath-Index ist als Verbesserung gegenüber den Konzentrationsraten, die nur die absolute Konzentration erfassen, anzusehen. Der Versuch, absolute und relative Konzentration gleichzeitig zu erfassen, ist zwar begrüßenswert, aufgrund der Asymmetrie bezüglich p_1, der Nicht-Erfüllung der Verschiebungsprobe, der schlechten Aggregationseigenschaften und der willkürlichen Gewichtung weist der Horvath-Index jedoch einige negative Eigenschaften auf, so daß der Einsatz des Horvath-Index in der Wettbewerbspolitik bedenklich ist.

1 Vgl. Hause (1977), S.102
2 Vgl. Marfels (1971a), S.760

3.7. Die Abhängigkeit des Rosenbluth-Index von kleinen Merkmalsträgern

Der Rosenbluth-Index[1], in der Literatur auch als Hall-Tideman-Index gebräuchlich,[2] kann definiert werden durch:

$$(3.44) \qquad I = \left(\frac{1}{\left(2 * \sum_{i=1}^{n} i p_i\right) - 1} \right)$$

Der Rosenbluth-Index gehört zu den sogenannten Rangmaßen. Die Marktanteile werden nach steigender Größe geordnet und mit ihren Rangwerten gewichtet. Durch diese Gewichtung wird kleineren Unternehmen eine wesentlich größere Bedeutung beigemessen als bei anderen summarischen Konzentrationsmaßen wie zum Beispiel beim Hirschman-Herfindahl-Index. Im Gegensatz zur Unempfindlichkeit des Hirschman-Herfindahl-Index ist dementsprechend der Rosenbluth-Index durch eine stärkere Reagibilität auf Veränderungen in der Anzahl und der Bedeutung kleinerer Merkmalsträger gekennzeichnet.[3]

Der Rosenbluth-Index ist von einem Disparitätsmaß (dem Gini-Koeffizient R) und von der Anzahl der Merkmalsträger abhängig, denn durch die Rangmaße kann der Rosenbluth-Index formuliert werden als:[4]

$$(3.45) \qquad I(n) = \frac{1}{n((1-R)},$$

1 Vgl. Rosenbluth (1955), S.57 ff.; Rosenbluth (1961), S.391 ff.
2 Vgl. Hall / Tideman (1967), S.165 f.
3 Vgl. Marfels (1980), S.273 f.
4 Vgl. Häni (1987), S.102

da sich der Gini-Koeffizient R auch als gewogene Summe von relativen Merkmalssummen darstellen läßt:[1]

$$(3.46)\qquad R = \frac{2\sum_{i=1}^{n} i x_i}{n\sum_{i=1}^{n} x_i} - \frac{n+1}{n}.$$

Durch die Gewichtung der Merkmalsträger mit ihrem Rang ist eine Disaggregation des Rosenbluth-Index nicht durchführbar; der Rosenbluth-Index hat keine übersichtlichen Aggregationseigenschaften.

Bei gleichmäßiger Verteilung der Merkmalssumme auf die Merkmalsträger kann ebenso wie für den Hirschman-Herfindahl-Index und die Entropiemaße durch Bildung des Kehrwertes des Rosenbluth-Index eine Äquivalenzzahl gleichgroßer Marktteilnehmer ermittelt werden.

Ebenso wie der Hirschman-Herfindahl-Index fallen die Meßergebnisse des Rosenbluth-Index häufig in den unteren Bereich des Intervalls [0,1].[2]

Die Verwendung des Ranges bewirkt, daß besonders bei einer großen Zahl von Marktteilnehmern kleinen Marktteilnehmern ein großes Gewicht beigemessen wird. Dadurch reagiert der Rosenbluth-Index stark auf Veränderungen der Zahl der Marktteilnehmer. Es kann gezeigt werden, daß selbst bei einem dominierenden Unternehmen mit einem Marktanteil von über 50 % bei steigender Anzahl von Marktteilnehmern der Rosenbluth-Index gegen Null strebt und somit eine monopolverdächtige Marktstruktur wettbewerbspolitisch für unbedenklich erklärt.[3]

1 Vgl. Piesch (1975), S.143
2 Vgl. Marfels, (1977) S.57
3 Vgl. Häni, (1987) S.103

Die numerischen Unterschiede zwischen beiden Indices sind in empirischen Untersuchungen geringfügig.[1] Wenn jedoch die größten Merkmalsträger einen relativ hohen Anteil der Merkmalssumme auf sich vereinigen, und eine große Anzahl an weiteren Merkmalsträgern relativ gleichmäßig verteilt ist, kann es zu größeren Abweichungen zwischen beiden Indices kommen.[2]

Angenommen, der Marktanteil eines dominierenden Unternehmens beträgt 90% und der Rest verteilt sich gleichmäßig auf 10, 100, 1.000 und 10.000 Unternehmen erhält man folgende Konzentrationsgrade:

Tab.14: Werte des Rosenbluth-Index für Märkte mit einem Marktführer von 90% Marktanteil und auf 10, 100, 1.000 und 10.000 Unternehmen verteiltem Rest

Zahl der restlichen Unternehmen	I-Wert
10	0,4762
100	0,0901
1.000	0,0099
10.000	0,0010

Die mit steigender Zahl der Unternehmen abnehmende Konzentration wird durch den Rosenbluth-Index stark erfaßt. Im Gegensatz zum Hirschman-Herfindahl-Index, der fast überhaupt keine Reaktion auf Veränderungen im Bereich kleiner Merkmalsträger zeigt, und im Gegensatz zum Exponential-Index, der eine angemessene Reaktion auf derartige Veränderungen zeigt, ist der Rosenbluth-Index durch eine starke Reagibilität auf Veränderungen im Bereich kleiner Merkmalsträger gekennzeichnet.

1 Vgl. Hall / Tideman (1967), S.166 f.; Marfels (1972), S.479
2 Vgl. Marfels (1971b), S.77

Wegen seiner starken Abhängigkeit von kleinen Merkmalsträgern kann für den Rosenbluth-Index kein zuverlässiger Schätzwert berechnet werden, wenn nur die Marktanteile der größten Marktteilnehmer bekannt sind.[1]

Die Verwendung des Rosenbluth-Index in den Fusionsrichtlinien wäre nur dann gerechtfertigt, wenn einer großen Anzahl von Kleinunternehmen neben wenigen Großunternehmen ein bestimmender Einfluß auf die Wettbewerbsverhältnisse in einem Markt zugesprochen wird.

1 Vgl. Marfels (1980), S.279

3.8. Überblick über die vorgestellten Konzentrationsmaße

Tab.15: Konzentrationsmaße

$HHI = \sum_{i=1}^{n} p_i^2$	Hirschman-Herfindahl-Index
$CR_k = p_k/p * 100$	Konzentrationsrate
$H(p) = -\sum_{i=1}^{n} p_i * \log p_i$	Entropiemaß
$HHI_\alpha = \sqrt[\alpha-1]{\sum_{i=1}^{n} p_i^\alpha}$	erweiterter HHI
$E = \prod_{i=1}^{n} p_i^{p_i}$	Exponential-Index
$CCI = p_i + \sum_{j=2}^{n} p_j^2 (2 - p_j)$	Horvath-Index
$I = \left(\frac{1}{\left(2 * \sum_{i=1}^{n} i p_i\right) - 1} \right)$	Rosenbluth-Index

3.9. Maße der dynamischen Konzentration

Die bisher dargestellten Konzentrations- und Dominanzmaße erfaßten lediglich den Konzentrationsgrad eines Marktes zu einem bestimmten Zeitpunkt. Zur Erfassung der Struktur eines Marktes müssen jedoch auch Veränderungen in der Rangordnung der Marktteilnehmer im Zeitablauf berücksichtigt werden.

Bruckmann[1] schlug zur Berücksichtigung der Veränderung der absoluten und der relativen Konzentration zwischen zwei Zeitpunkten t_1 und t_2 die Maße

(3.47) $$\Delta K^a = \frac{\Sigma p_i^{2(t_2)}}{\Sigma p_i^{2(t_1)}} = \frac{HHI^{(t_2)}}{HHI^{(t_1)}}$$ und

(3.48) $$\Delta K^r = \frac{1 - R^{(t_1)}}{1 - R^{(t_2)}}$$

vor.

Diese komparativ-statische Messung der Konzentration vergleicht jedoch lediglich den Konzentrationsstand zu zwei verschiedenen Zeitpunkten und erfaßt Veränderungen in der Rangordnung der Marktteilnehmer im Zeitablauf nicht.

Grossack[2] schlug zur Berücksichtigung dieser Mobilität den Koeffizienten

(3.49) $$GR = \frac{\Sigma\left(p_i^{(t_1)} - \frac{1}{n}\right) * \left(p_i^{(t_2)} - \frac{1}{n}\right)}{\Sigma\left(p_1^{(t_1)} - \frac{1}{n}\right)^2} \approx r * \sqrt{\frac{HHI^{(t_2)}}{HHI^{(t_1)}}}$$

1 Vgl. Bruckmann (1969), S.206 ff.
2 Vgl. Grossack (1965), S.303 f.

vor. Mit der ersten Komponente dieses Maßes, dem Korrelationskoeffizienten r, wird die Mobilität zwischen den beiden Zeitpunkten t_1 und t_2 (je höher der Korrelationskoffizient, desto größer ist die Mobilität), und mit der zweiten Komponente wird die Wurzel aus dem Quotienten der HHI-Werte für die Zeitpunkte t_2 und t_1, die Veränderung des Konzentrationszustandes, ermittelt.

Ein Interpretation der ermittelten Werte ist bei diesem Koeffizienten nicht möglich, da ein klar definierter Wertebereich nicht existiert. Verändern sich die Marktanteile der Unternehmen im Zeitablauf nicht, erhält man für den Koeffizienten von Grossack einen Wert von 1, unabhängig davon, ob eine sehr hohe Konzentration bestehen bleibt, oder ob eine sehr niedrige Konzentration bestehen bleibt.[1] Marktzutritte, Marktaustritte, Fusionen und Aufteilungen von Elementen bereiten bei der Berechnung des Koeffizienten von Grossack Probleme.

Es sollte stattdessen der Hirschman-Herfindahl-Index im Zeitablauf betrachtet werden. Hierzu wird der durchschnittliche Marktanteil eines Unternehmens im Zeitablauf berechnet.

1 Vgl. Schaich / Ruff (1977), S.123 f.

Tab. 16: Hirschman-Herfindahl-Index eines Marktes im Zeitablauf

	$p_i(t_1)$	$p_i(t_2)$	$p_i(t_3)$	$p_i(t_4)$	$p_i(t_5)$	$p_i(t_6)$	$p_i(t_7)$	$p_i(t_8)$	$p_i(t_9)$	$p_i(t_{10})$	$\overline{p_i}$
1	20	15	15	15	15	15	10	10	10	5	13
2	15	20	15	10	15	10	15	10	10	5	12
3	10	10	15	10	10	10	10	10	10	5	10
4	10	10	10	15	10	10	10	10	10	5	10
5	10	10	10	15	10	10	10	10	5	10	10
6	5	5	10	5	10	10	10	10	5	10	8
7	5	5	5	5	5	10	10	10	5	10	7
8	5	5	5	5	5	5	5	10	5	10	6
9	5	5	5	5	5	5	5	5	10	10	6
10	5	5	5	5	5	5	5	5	10	10	6
11	5	5	5	5	5	5	5	5	10	10	6
12	5	5	5	5	5	5	5	5	10	10	6
HHI	1.100	1.100	1.050	1.050	1.000	950	950	900	900	900	906

In den ersten vier Jahren liegt der Hirschman-Herfindahl-Index des betrachteten Marktes über dem kritischen Schwellenwert von 1.000 Punkten, im Zeitablauf beträgt der Hirschman-Herfindahl-Index jedoch lediglich 906 Punkte und ist damit nicht als wettbewerbsgefährdend anzusehen. Es ist positiv zu werten, daß sich die Rangfolge der Unternehmen nach ihren Marktanteilen im Zeitablauf ändert.

4. Die Eignung von Dominanzmaßen zur Präzisierung der Fusionskontrolle

4.1. Die Notwendigkeit der Ermittlung von Oligopolkernen

Die bisher dargestellten Konzentrationsmaße ermöglichten lediglich eine quantitative Erfassung der Marktanteile und vernachlässigten eine detaillierte Berücksichtigung monopolistischer und oligopolistischer Strukturen.[1] Für die Beurteilung der Wettbewerbssituation eines Marktes ist es jedoch außerdem notwendig, die Vormachtstellung der führenden Unternehmen des Marktes zu quantifizieren. Hierzu muß die Marktstruktur in eine dominierende Gruppe (Oligopolkern) und in eine dominierte Gruppe (Restgruppe) eingeteilt werden. Darüber hinaus muß das Ausmaß der Vormachtstellung des dominierenden Einzelunternehmens bzw. der dominierenden Gruppe angegeben werden können, d.h. der Abstand der Marktanteile des dominierenden Einzelunternehmens bzw. der Unternehmen der Oligopolgruppe zu den Marktanteilen der übrigen Unternehmen.[2]

Ein Oligopolkern besteht in Anlehnung an die Vermutungskriterien für das Vorliegen einer Gruppe von marktbeherrschenden Unternehmen des § 22, Abs.3 GWB aus höchstens 10 Unternehmen, sein Marktanteil beträgt mindestens 50% bzw. mindestens 70%, und es besteht ein erheblicher Abstand zwischen den Marktanteilen des dominierenden Einzelunternehmens bzw. den Unternehmen der Oligopolgruppe und den Marktanteilen der übrigen Unternehmen.

[1] Vgl. Deffaa (1982), S.324
[2] Vgl. Maurer (1990), S.40

4.2. Anforderungen an die Erfassung von monopolistischen und oligopolistischen Strukturen

In der statistischen Konzentrationsmessung sollten folgende Merkmale zur Erfassung von monopolistischen und oligopolistischen Strukturen berücksichtigt werden:[1]

1. Die Anzahl der Unternehmen des Oligopolkerns. Eine geringere Anzahl von Unternehmen erhöht bei gegebenem Marktanteil ceteris paribus die Marktmacht des Oligopolkerns.[2]

2. Die Verteilung der Marktanteile des Unternehmens innerhalb des Oligopolkerns. Eine geringere Disparität in der Oligopolgruppe erhöht ceteris paribus die Interessensymmetrie und damit die Wahrscheinlichkeit der Verhaltensabsprache.[3]

3. Die Größe und die Struktur des wettbewerblichen Umfelds, d. h. die Anzahl der restlichen Unternehmen, die Höhe ihrer Marktanteile und die Verteilung der Marktanteile innerhalb der Gruppe der restlichen Unternehmen.[4]

4.3. Dominanzmaße zur Ermittlung von oligopolistischen Kernen

4.3.1. Wünschenswerte Eigenschaften von Dominanzmaßen

Die Ermittlung oligopolistischer Kerne erfolgt über Schwellenwerte von Dominanzmaßen. Dominanzmaße sind Maßzahlen für eine Grenze k zur Ermittlung der

[1] Vgl. Deffaa (1982), S.324 f.
[2] Vgl. Scherer (1980), S.199 f.
[3] Vgl. Piesch / Schmidt (1983), S.8 f
[4] Vgl. Scherer (1980), S.200 f.

"Dominanz" der k größten Unternehmen gegenüber den restlichen kleinen Unternehmen. Sie geben das Ausmaß an, in dem ein einzelner Marktteilnehmer mit großem Marktanteil oder eine Gruppe von Marktteilnehmern mit großen Marktanteilen eine Gruppe von Marktteilnehmern mit deutlich niedrigerem Marktanteil dominiert. Ein Schwellenwert (Abschneidegrenze) ist gekennzeichnet durch eine Stelle maximaler Dominanz. Danach muß überprüft werden, ob die Eigenschaften 1., 2. und 3. erfüllt sind, d. h., ob der Schwellenwert einen oligopolistischen Kern abgrenzt.[1]

Ein Dominanzmaß sollte durch folgende Eigenschaften gekennzeichnet sein:[2]

1. Bei steigender Anzahl der Unternehmen des Oligopolkerns sollte das Dominanzmaß bei gegebenem Marktanteil ceteris paribus abnehmen, denn bei gegebenem Marktanteil des Oligopolkerns und bei gegebener Struktur des wettbewerblichen Umfelds ist die Tendenz zur Ausübung von Gruppenmacht um so kleiner, je mehr Unternehmen der Oligopolkern umfaßt. Das Gruppenmachtkonzept besagt, daß von engen Oligopolen aufgrund der hohen Interessensymmetrie der betreffenden Unternehmen eher wettbewerbsbeeinträchtigende Handlungen wie Boykott oder Ausbeutung ausgehen als von weiten Oligopolen.

2. Bei größerem Marktanteil des Oligopolkerns sollte das Dominanzmaß ceteris paribus einen höheren Wert anzeigen, denn bei höherem Marktanteil kann eine größere Dominanz des Oligopolkerns angenommen werden.

3. Bei größerer Gesamtzahl der Marktteilnehmer sollte das Dominanzmaß ceteris paribus einen höheren Wert anzeigen, da eine größere Dominanz des

[1] Vgl. Piesch (1983), S.500 f.
[2] Vgl. Deffaa (1982), S.325

Oligopolkerns angenommen werden kann, wenn sich der Marktanteil des Umfelds auf eine steigende Anzahl von Marktteilnehmern verteilt.

4.3.2. Die Eignung von einfachen Dominanzmaßen zur Abgrenzung von oligopolistischen Kernen

Der Anstiegsindex zeigt den Abstand zwischen den Unternehmen des Oligopolkerns und den restlichen Unternehmen durch das Verhältnis der Marktanteile des k-ten Unternehmens und des k+1-ten Unternehmens in einer nach Marktanteilen geordneten Reihe von Unternehmen ($p_1 > ... > p_k > ... > p_n$) an:

(4.1) $$D_k^A = \frac{\Delta CR_k}{\Delta CR_{k+1}} = \frac{p_k}{p_{k+1}},$$

wobei $$\Delta CR_k = CR_k - CR_{k-1} = p_k,$$
$$\Delta CR_{k+1} = CR_{k+1} - CR_k = p_{k+1}.$$

ΔCR_k und ΔCR_{k+1} sind Konzentrationsgrenzraten. Die Abgrenzung des Oligopolkerns wird in der Reihe der Unternehmen nach dem k-ten Unternehmen vorgenommen. An dieser Stelle nimmt der Anstiegsindex sein Maximum ein.[1]

Ein wesentlicher Nachteil des Anstiegsindex besteht in der Nicht-Erfüllung des Normierungskriteriums. Entsprechend seinem formalen Aufbau nimmt er Werte größer als eins an. Diese negative Eigenschaft kann vermieden werden, in dem man den Kehrwert des Anstiegsindex, den "Abstiegsindex" berechnet.[2] Abgrenzungen der Oligopolkerne kann man durch Minimierung des Index durchführen. Die Nicht-Berücksichtigung des Oligopolkerns (und folglich auch der Zahl der Unternehmen des Oligopolkerns und ihrer Disparität) muß als entscheidender

1 Vgl. Piesch (1983), S.502 f.
2 Vgl. Piesch (1975), S.157

Nachteil der Anstiegsindices angesehen werden. Stattdessen berücksichtigt der Anstiegsindices lediglich die Marktanteile zweier aufeinanderfolgender Unternehmen, wodurch ein erheblicher Informationsverlust entsteht. Eine alleinige Verwendung der Anstiegsindices in der Wettbewerbspolitk ist daher nicht zu empfehlen. Die Anstiegsindices sollten parallel mit anderen Konzentrations- und Dominanzmaßen in den Fusionsrichtlinien verwendet werden.

Der gemittelte Anstiegsindex verwendet statt dem Marktanteil des k-ten Unternehmens p_k den durchschnittlichen Marktanteil der Unternehmen des Oligopolkerns CR_k/k:[1]

$$(4.2) \qquad D_k^M = \frac{\overline{CR_k}}{\Delta CR_{k+1}} = \frac{\frac{CR_k}{k}}{p_{k+1}} = \frac{CR_k}{k * p_{k+1}} = v_{k,k+1},$$

wobei wiederum für die Konzentrationsgrenzrate ΔCR_{k+1} gilt:

$$\Delta CR_{k+1} = CR_{k+1} - CR_k = p_{k+1}.$$

Der Oligopolkern wird an der Grenze k abgegrenzt, an der der gemittelte Anstiegsindex maximal wird. Der gemittelte Anstiegsindex ist das Verhältnis des durchschnittlichen Marktanteils der k größten Unternehmen zum Marktanteil des (k+1)-sten Unternehmen, dem Unternehmen mit dem größten Marktanteil außerhalb der Gruppe der k größten Unternehmen.

Ein weiteres einfaches Dominanzmaß ist die von der Monopolkommission[2] verwendete Unternehmensgrößenproportion. Bei der Unternehmensgrößenpro-

[1] Vgl. Piesch (1983), S.503
[2] Vgl. Monopolkommission (1978), S.76 f.; Monopolkommission (1980), S.54 f.

portion wird der durchschnittliche Marktanteil der k Unternehmen des Oligopolkerns auf den durchschnittlichen Marktanteil der übrigen n-k Unternehmen bezogen:[1]

(4.3) $$D_K^G = \frac{\overline{CR_k}}{1 - CR_k} = \frac{\frac{CR_k}{k}}{\frac{1-CR_k}{n-k}} = v_{k,n}$$

CR_k ist wiederum der durchschnittliche Marktanteil der k größten Unternehmen eines Marktes; $1\text{-}CR_k$ ist der durchschnittliche Marktanteil der n-k übrigen Unternehmen. Der Oligopolkern wird wiederum an der Grenze k abgegrenzt, an der der Index maximal wird. An dieser Stelle ist der durchschnittliche Marktanteil der Unternehmen des Oligopolkerns bezogen auf den durchschnittlichen Marktanteil der übrigen Unternehmen am Größten.

Ein letztes einfaches Dominanzmaß ist die Konzentrationskurvensehnenlänge. Es kann mit dem Schutz-Koeffizienten in der Disparitätsmessung verglichen werden und wird durch Maximierung des Wertes D_k^s ermittelt:[2]

(4.4) $$D_k^S = CR_k - \frac{k}{n}$$

Der Oligopolkern wird an der Grenze k abgegrenzt, an der die Länge der Konzentrationskurvensehne maximal wird. Die Konzentrationskurvensehnenlänge ist der Abstand zwischen der Konzentrationskurve und der Geraden durch (0,0) und (n,1). Bei diesem Dominanzmaß werden durch den Schwellenwert k Unternehmen mit überdurchschnittlichem Marktanteil $\left(p_k > \frac{1}{n}\right)$ von Unternehmen mit unterdurchschnittlichem Marktanteil $\left(p_k \leq \frac{1}{n}\right)$ abgegrenzt.

1 Vgl. Deffaa (1982), S.331
2 Vgl. Piesch (1983), S.499 f.

Abb.3: Längste Konzentrations-kurvensehne

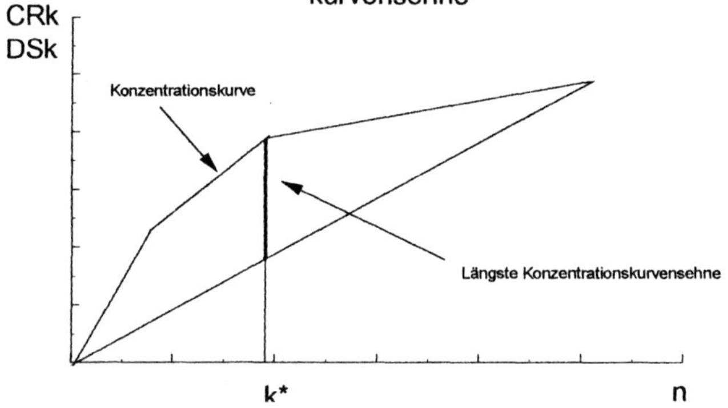

Die vorgestellten Dominanzmaße können anschaulich an der Konzentrationskurve interpretiert werden. Sie basieren auf einem weit verbreiteten Konzentrationsmaß, der Konzentrationsrate.

D_k^A und D_k^K können für bestimmte k auch ermittelt werden, wenn nicht alle Marktanteile der Unternehmen bekannt sind, während für die Ermittlung von D_k^G und D_k^S die Kenntnis der gesamten Verteilung der Marktanteile Voraussetzung ist.

Für jedes einfaches Dominanzmaß gibt es Verteilungen ohne eindeutige relative lokale Extrema, d. h. es kann kein oligopolistischer Kern abgegrenzt werden, obwohl in realen Situationen Oligopole auftreten.[1] Dominanzmaße können auch bei abgeschnittenen Verteilungen verwendet werden. Nähert sich die Abschneidegrenze der Gesamtzahl der Einheiten, stabilisieren sich die Kerngrenzen, die mittels eines Dominanzmaßes ermittelt wurden.[2]

1 Vgl. Maurer (1990), S.46
2 Vgl. Piesch / Schmidt (1983), S.33

Die Dominanzmaße haben außerdem den Vorteil, daß sie sich auf weit verbreitete Konzentrationsmaße, die Konzentrationsraten, stützen. Es macht sich wie bei den Konzentrationsraten nachteilig bemerkbar, daß nur ein Teil der in der vollständigen Konzentrationskurve enthaltenen Information ausgenützt wird. Insbesondere werden unterschiedliche Größenstrukturen innerhalb der k größten Merkmalsträger nicht erfaßt.[1]

Ich schlage vor, neben dem Hirschman-Herfindahl-Index und den Konzentrationsraten gleichzeitig Dominanzmaße in den Fusionsrichtlinien zu verwenden, da mit Dominanzmaßen der Abstand der Marktanteile des dominierenden Einzelunternehmens bzw. der Unternehmen der Oligopolgruppe zu den Marktanteilen der übrigen Unternehmen angegeben werden kann.

4.3.3. Die Eignung von abgeleiteten Dominanzmaßen zur Abgrenzung von oligopolistischen Kernen

Dominanzmaße, die direkt aus Konzentrationsmaßen abgeleitet werden können, nennt man abgeleitete Dominanzmaße. Zur Ableitung eines Dominanzmaßes aus dem Hirschman-Herfindahl-Index werden zunächst die Unternehmen eines Marktes in eine Gruppe mit den k größten Unternehmen und in eine Gruppe mit den restlichen n-k Unternehmen aufgeteilt, wobei die k größten Unternehmen und die n-k restlichen Unternehmen jeweils als homogen betrachtet werden. Der durchschnittliche Marktanteil eines der k größten Unternehmen ist somit CR_k/k und der durchschnittliche Marktanteil eines der n-k restlichen Unternehmen $(1-CR_k)/(n-k)$. Daraus erhält man für das Hirschman-Herfindahl-Dominanzmaß:[2]

[1] Vgl. Häni (1987), S.111
[2] Vgl. Deffaa (1981), S.14

(4.5) $$D_k^{HHI} = \frac{CR_k^2}{k} + \frac{(1-CR_k)^2}{n-k}$$

Als Aggregationsformel bei Zerlegung des Hirschman-Herfindahl-Index in zwei Gruppen erhält man:

(4.6) $$HHI = CR_k^2 * HHI_{ok} + (1-CR_k)^2 * HHI_{uk}$$

Definiert man HHI_{ok} und HHI_{uk} über die entsprechenden Variationskoeffizienten v_{ok} bzw. v_{uk}, erhält man durch Übertragung der Sektorenaggregation auf die Definition des Hirschman-Herfindahl-Index mit einem Variationskoeffizienten:

(4.7) $$HHI = CR_k^2 * \frac{1+v_{ok}^2}{k} + (1-CR_k)^2 * \frac{1+v_{uk}^2}{n-k}$$

$$= \frac{CR_k^2}{k} + \frac{(1-CR_k)^2}{n-k} + \frac{CR_k^2}{k} * v_{ok}^2 + \frac{(1-CR_k)^2}{n-k} * v_{uk}^2$$

$$= HHI_k^{ext} + HHI_k^{int},$$

wobei $HHI = \frac{1+v^2}{n}$

HHI_k^{ext} ist der externe Hirschman-Herfindahl-Index oder "Zwischen-Gruppen-Index". HHI_k^{int} ist der interne Hirschman-Herfindahl-Index oder "Inner-Gruppen-Index". Das Hirschman-Herfindahl-Dominanzmaß D_k^{HHI} ist somit identisch mit dem externen Hirschman-Herfindahl-Index HHI_k^{ext}. Die Abgrenzung zwischen der Gruppe der größten Unternehmen und der Gruppe der übrigen Unternehmen wird an der Stelle vorgenommen, an der D_k^{HHI} maximal wird. Gegenüber den einfachen Dominanzmaßen erweist sich die Berücksichtigung der Disparität der Unternehmen des Oligopolkerns als Vorteil. Das Hirschman-Herfindahl-Dominanzmaß sollte deswegen gleichzeitig neben den Konzentrationsmaßen und zu den einfachen Dominanzmaßen in den Fusionsrichtlinien verwendet werden.

Ein modifiziertes Hirschman-Herfindahl-Dominanzmaß kann als Hauptteil des Hirschman-Herfindahl-Index mit Gleichung (4.8) approximiert werden:[1]

(4.8) $$D_k^{hhi} = \frac{CR_k^2}{k}$$

Da es von n unabhängig ist, kann für großes bzw. unbekanntes n nur dieses modifizierte Hirschman-Herfindahl-Dominanzmaß verwendet werden. Der modifizierte Hirschman-Herfindahl-Index grenzt dieselben (bzw. in Ausnahmefällen etwas größere) Kerne wie D_k^{HHI} ab.

Die für den Hirschman-Herfindahl-Index durchgeführten Überlegungen können analog auf den Rosenbluth-Index übertragen werden. Nach Aufteilung des Gini-Koeffizienten in externe und interne Effekte erhält man für den Rosenbluth-Index:[2]

(4.9) $$I = \frac{1}{n[1-(R_{ext}+R_{int})]}$$

Führt man an der zugehörigen Lorenzkurve als Disparitätsmaß untere und obere Konzentrationsflächen K_{uk} und K_{ok} ein, erhält man:[3]

(4.10) $$R = S_k + 2(K_{uk} + K_{ok}),$$

wobei $S_k = C_k - k/n$ für die Länge der Konzentrationskurvensehne steht. Übertragen auf den Rosenbluth-Index erhält man unter Berücksichtigung von

$$I = \frac{1}{n(1-R)} \quad \text{und} \quad I_k^{ext} = \frac{1}{n(1-S_k)}$$

1 Vgl. Piesch (1983), S.505
2 Vgl. Piesch (1985), S.159
3 Vgl. Piesch (1983), S.506

(4.11) $$\frac{1}{I} + n(K_{uk} + K_{ok}) = \frac{1}{I_k^{ext}}$$

Analog zur Bestimmung der längsten Konzentrationskurvensehne wird beim Rosenbluth-Index die Abschneidegrenze durch Bestimmung des Maximums des externen Rosenbluth-Index I_k^{ext} ermiettelt. Für den externen Bestandteil des Rosenbluth-Index erhält man über die längste Konzentrationskurvensehne für den Schutz-Koeffizienten das Rosenbluth-Dominanzmaß:[1]

(4.12) $$D_k^R = I_k^{ext} = \frac{1}{n(1-S_k)} = \frac{1}{n\left(1-D_k^S\right)} = \frac{1}{n+k-nC_k}$$

Vorteilhaft bei der Verwendung des Rosenbluth-Dominanzmaßes ist die direkte Verbindung eines Konzentrations-, Disparitäts- und Dominanzmaßes. Da sich die Konzentrationskurvensehne auch als Schutz-Koeffizient durch

(4.13) $$S = \sum_{p_k > 1/n} (p_k - \frac{1}{n})$$

ermitteln läßt, muß jedoch an diesem Rosenbluth-Dominanzmaß bemängelt werden, daß es als möglichen Oligopolkern alle Unternehmen mit überdurchschnittlichem Marktanteil $p_k > 1/n$ abgrenzt, was nicht unbedingt zu einer Abschneidegrenze k mit deutlichem Abfall in der Größenverteilung der Marktteilnehmer führen muß.[2]

1 Vgl. Piesch (1983), S.506 ff.
2 Vgl. ebd., S.507

Ich schlage vor, als abgeleitetes Dominanzmaß gleichzeitig zu den Konzentrationsraten, dem Hirschman-Herfindahl-Index und den Dominanzmaßen das Hirschman-Herfindahl-Dominanzmaß zu verwenden, da durch dieses Maß k große von n-k kleinen Unternehmen abgegrenzt werden können.

4.4. Linda-Indices

4.4.1. Untersuchung der Eignung von Linda-Indices zur Abgrenzung von oligopolistischen Kernen durch Überprüfung der von Disparitäts- und Konzentrationsmaßen geforderten Eigenschaften

Während früher im Rahmen der statistischen Konzentrationsmessung schwerpunktmäßig versucht wurde, monopolistische Strukturen durch die Konzentrationsrate oder durch summarische Konzentrationsmaße wie z.B. den Hirschman-Herfindahl-Index zu erfassen, steht zur Zeit die Erfassung von oligopolistischen Kernen im Vordergrund. Im konzentrationsanalytischen Studienprogramm der Europäischen Gemeinschaften werden seit 1972 zur Abgrenzung von oligopolistischen Kernen eine Vielzahl von Linda-Indices verwendet. Zur Berechnung von Linda-Indices muß zunächst die Dominanz (Mittelwertverhältnis) bestimmt werden, die angibt, um das wievielfache der durchschnittliche Marktanteil der i größten Unternehmen eines Marktes größer ist als der durchschnittliche Marktanteil der k-i folgenden Unternehmen:[1]

$$(4.14)\qquad v_{i,k} = \frac{\frac{p_1+\ldots+p_i}{i}}{\frac{p_{i+1}+\ldots+p_k}{k-i}} = \frac{\frac{CR_i}{i}}{\frac{CR_k-CR_i}{k-i}} = \frac{M_o^i}{M_u^{k-i}}$$

Der durchschnittliche Marktanteil der i größten Unternehmen CR_i/i kann auch als oberer Mittelwert der Verteilung der Marktanteile M_o^i aufgefaßt werden und der durchschnittliche Marktanteil der k-i restlichen Unternehmen $(CR_k\text{-}CR_i)/(k\text{-}i)$ als unterer Mittelwert der Verteilung der Marktanteile M_u^{k-i}.

Ein Schwachpunkt des Systems der Linda-Indices besteht darin, daß bei der Bestimmung des Mittelwertverhältnisses die Marktanteile der i größten Unterneh-

[1] Vgl. Linda (1976), S.19

men beliebig überwiegen können im Verhältnis zu den Marktanteilen der i-k restlichen Unternehmen:[1]

(4.15) $$1 \leq v_{i,k} < \infty$$

Der einfach gemittelte Linda-Index ist die mittlere Dominanz und gibt einen Durchschnitt der Größenverhältnisse der k größten Unternehmen an:

(4.16) $$L_k^* = \frac{1}{k-1} * \sum_{i=1}^{k-1} v_{i,k}; \; 1 \leq L_k^* < \infty$$

Dieses Maß wird von der EG-Kommission zur Bestimmung der Disparität innerhalb der Gruppe der k größten Unternehmen verwendet.[2] Da es nicht normiert ist, ist es für Quervergleiche wenig geeignet.

Der doppelt gemittelte Linda-Index ist die relative mittlere Dominanz und kann bestimmt werden, in dem die mittlere Dominanz mit der Anzahl der betrachteten Merkmalsträger gemittelt wird:[3]

(4.17) $$L_k = \frac{L_k^*}{k} = \frac{1}{k} * \frac{1}{k-1} * \sum_{i=1}^{k-1} v_{i,k}; \; \frac{1}{k} \leq L_k < \infty$$

Die Abgrenzung des Oligopolkerns erfolgt durch Minimierung der relativen mittleren Dominanz.

Die Eignung von Linda-Indices zur Abgrenzung von oligopolistischen Kernen für die Verwendung in der Wettbewerbspolitk kann anhand der von Disparitäts- und Konzentrationsmaßen geforderten Eigenschaften (Transferkriterium, Proportiona-

1 Vgl. Piesch (1982), S.129
2 Vgl. Deffaa (1982), S.332
3 Vgl. Piesch (1983), S.502

litätskriterium, Fusionskriterium, Normierungskriterium, und Reaktion auf Hinzufügen kleiner Merkmalsträger) überprüft werden.[1] Da die Linda-Indices einige dieser Eigenschaften nicht erfüllen, ist ihr Einsatz in der Wettbewerbspolitik bedenklich.

Das Transferkriterium wird von L_k^* und damit auch von L_k erfüllt, d. h. erhöht ein größeres Unternehmen seinen Marktanteil auf Kosten eines kleineren Unternehmens, steigen L_k^* und L_k.

Ergänzt man die gegebene Verteilung durch Merkmalsträger mit sehr kleinen Merkmalsträgern - im Grenzfall mit dem Merkmalsbetrag Null - reagieren die Linda-Indices sehr empfindlich und können sehr große Werte annehmen.[2]

Fusionen werden von Linda-Indices teilweise nicht erfaßt. Wie folgendes Beispiel verdeutlicht, kann L_k^* bei Fusionen fallen:

$$p_1 = 30\% \qquad p_2 = 20\% \qquad p_3 = p_k = 10\%$$

$$L^* = \frac{9}{4} \text{ bzw. } L = \frac{3}{4}$$

Nach Fusion des zweit- und drittgrößten Unternehmens erhält man:

$$p_1' = 30\% \qquad p_2' = p_{k-1}' = 30\%$$

$$L_f^* = 1 \text{ bzw. } L_f = 1$$

L_k^* und L_k können daher nicht zu den Dominanzmaßen gerechnet werden.[3]

[1] Vgl. Abschnitt 2.4. der vorliegenden Untersuchung
[2] Vgl. Piesch / Schmidt (1983), S.34
[3] Vgl. Piesch (1982), S.134

Die fehlende Normierung kann durch die Bildung des Kehrwerts des Mittelwertverhältnisses erreicht werden:

(4.18) $$p_k = \frac{1}{k-1} * \sum_{i=1}^{k-1} \frac{M_u^i}{M_o^{k-i}} = \frac{1}{k-1} * \sum_{i=1}^{k-1} \frac{1}{v,k}$$

p_k ist eine Art Gleichheitsmaß, das durch Bildung der Differenz zwischen der Obergrenze 1 und dem Mittelwertverhältnis in ein Disparitätsmaß umgewandelt werden kann:[1]

(4.19) $$p_k^* = \frac{1}{k-1} * \sum_{i=1}^{k-1} * \left(1 - \frac{M_u^i}{M_o^{i-k}}\right); \ 0 \leq L_k^* \leq 1$$

Aus dem Linda-Index kann das Linda-Dominanzmaß abgeleitet werden:

(4.20) $$D_i^Q = \frac{C_k}{k} * \frac{n-k}{1-C_k}$$

Dieses Dominanzmaß weist alle wünschenswerten Eigenschaften von Dominanzmaßen aus und sollte daher parallel zu den bisher vorgeschlagenen Konzentrations- und Dominanzmaßen in der Fusionskontrolle eingesetzt werden.

4.4.2. Untersuchung der Eignung der relativen mittleren Dominanz zur Ermittlung von oligopolistischen Kernen durch Überprüfung einer Zwei-Gruppen-Verteilung

Die Eignung der relativen mittleren Dominanz L_k zur Erfassung von oligopolistischen Kernen wurde von Piesch anhand einer Zwei-Gruppen-Verteilung überprüft, bei der die Verteilung der Unternehmen aus k größeren und n-k kleineren Unternehmen besteht. L_k sollte die Oligopolgruppe anzeigen im Fall eines

1 Vgl. Piesch (1975), S.159

symmetrischen Oligopols mit k gleichgroßen Unternehmen ($p_1=...=p_k=a$) und einer symmetrischen Restverteilung mit n-k gleichgroßen Unternehmen ($p_{k+1}=...=p_n=b<a$). Ist $\frac{b}{a}=\alpha<1$ das Verhältnis des Marktanteils der kleineren Unternehmen zu dem Marktanteil der größeren Unternehmen, gibt es zu jedem k einen kritischen Wert α_k . Bei schwachem Abfall in der Größenverteilung $(\alpha \geq \alpha_k)$ zeigt der Linda-Index keinen oligopolistischen Kern an. Es ist jedoch wünschenswert, daß Dominanzmaße oligopolistische Kerne um so eher abgrenzen, je kleiner sie sind.

Bei Größenverteilungen mit konstantem relativen Abfall $\left(\frac{p_i}{p_{i+1}}=c<1\right)$ ergeben sich über L_k Oligopolgruppen. Je kleiner das Verhältnis c, desto weiter ist die Oligopolgruppe.

Teilmonopole werden von den relativen Dominanz nicht erkannt, da L_k erst ab k=2 ermittelt werden kann.

Wie empirische Untersuchungen ergaben, fallen die über L_k ermittelten Abschneidegrenzen nicht immer mit dem größten Abstand in der Größenverteilung zusammen.[1]

Darüber hinaus muß die Nicht-Berücksichtigung einer Anzahl von kleinen Unternehmen als willkürlich betrachtet werden.

Diese Überlegungen stellen klar, daß L_k als Maß zur Ermittlung von Oligopolgruppen dem Anstiegsindex und anderen Dominanzmaßen nicht überlegen ist. Solange es noch ungeklärt ist, welche Dominanzmaße für die Ermittlung von Oligopolkernen besonders gut geeignet sind, sollten, mehrere Dominanzmaße in den Fusionsrichtlinien gleichzeitig verwendet werden, darunter auch L_k.

1 Vgl. Piesch / Schmidt (1983), S.36

4.5. Übersicht über die vorgestellten Dominanzmaße

Neben dem Linda-Index, der sehr kompliziert aufgebaut ist, gibt es eine Reihe von weiteren einfachen Dominanzmaßen, die bei der Ermittlung oligopolistischer Kerne gleiche Dienste leisten. Über Dominanzmaße werden eigentlich nur Schwellenwerte (Abschneidegrenzen) ermittelt. Danach muß geprüft werden, ob die Eigenschaften 1., 2. und 3. erfüllt werden. Ist dies der Fall, kann vermutet werden, daß eine oligopolistische Struktur vorliegt.

Tab.17: Dominanzmaße

$D_k^A = \frac{p_k}{p_{k+1}}$	Anstiegsindex
$D_k^M = \frac{CR_k}{k * p_{k+1}}$	gemittelter Anstiegsindex
$D_k^G = \frac{\frac{CR}{k}}{\frac{1-CR_k}{n-k}}$	Unternehmensgrößenproportion
$D_k^s = CR_k - \frac{k}{n}$	Konzentrationskurvensehnen-länge
$D_k^{HHI} = \frac{CR_k^2}{k} + \frac{(1-CR_k)^2}{n-k}$	Hirschman-Herfindahl-Dominanzmaß
$D_k^{hhi} = \frac{CR_k^2}{k}$	modifiziertes Hirschman-Herfindahl-Dominanzmaß
$D_k^R = \frac{1}{n+k-nC_k}$	Rosenbluth-Dominanzmaß
$L_k^* = \frac{1}{k-1} * \sum_{i=1}^{k-1} v_{i,k}$	einfach gemittelter Linda-Index
$L = \frac{1}{k} * \frac{1}{k-1} * \sum_{i=1}^{k-1} v_{i,k}$	doppelt gemittelter Linda-Index
$D_k^Q = \frac{C_k}{k} * \frac{n-k}{1-C_k}$	Linda-Dominanzmaß

4.6. Handlungsempfehlungen für die Wettbewerbspolitik

Die Messung der Dominanz ist eine Ergänzung zur Konzentrationsmessung und kann diese nicht ersetzen, da die Berechnung der vorgestellten Dominanzmaße auf der Bildung von Verhältniszahlen zwischen der Oligopolgruppe und den restlichen Marktteilnehmern basiert. Wenn aufgrund eines Konzentrationsmaßes das Überschreiten eines wettbewerbspolitisch als problematisch befundenen Konzentrationsgrades gemessen wird, können Dominanzmaße zusätzliche Informationen über die Struktur und das Ausmaß der Gruppe der größten Merkmalsträger liefern.[1]

Die Existenz eines marktbeherrschenden Unternehmens kann angenommen werden, wenn man eine hohe Konzentrationsrate CR_1 (> 35%) und eine niedrige Abschneidegrenze k=1 ermittelt. Zusätzlich sollte der Grad der Ungleichverteilung der Marktanteile der restlichen Unternehmen mit der mittleren Dominanz $L^*_{r/1}$ ermittelt werden.[2]

Eine Oligopolgruppe kann angenommen werden, wenn man $CR_4 \geq 50\%$ bzw. $CR_8 \geq 70\%$ und eine niedrige Abschneidegrenze (k<10) erhält. Zusätzlich sollte der Grad der Ungleichverteilung der Marktanteile der Unternehmen der Kern- und der Restgruppe mit den mittleren Dominanzen L^*_k ermittelt werden.

Als Dominanzmaße zur Präzisierung der Fusionsrichtlinien schlage ich vor, parallel den Anstiegsindex D^A_k, die Konzentrationskurvensehnenlänge D^S_k, das Hirschman-Herfindahl-Dominanzmaß D^{HHI}_k, das Linda-Dominanzmaß D^Q_k, die mittlere Dominanz L^*_k und die relative mittlere Dominanz L_k zu verwenden. Zeigt ein Konzentrationsmaß eine hohe Konzentration an und wird mit Hilfe von Dominanzmaßen ein Oligopolkern oder ein marktbeherrschendes Unternehmen

1 Vgl. Häni (1987), S.113
2 Vgl. Piesch / Schmidt (1983), S.39 f

abgegrenzt, sollte ein Unternehmenszusammenschluß anhand weiterer Strukturmerkmale überprüft werden; zeigen die Konzentrationsmaße eine niedrige Konzentration an und wird von den Dominanzmaßen kein Oligopolkern und kein marktbeherrschendes Unternehmen abgegrenzt, sollte der Zusammenschluß gestattet werden.

4.7. Modellrechnungen für eine multikriterielle Vorgehensweise bei der Konzentrationsmessung

Die hohen Konzentrationsraten von CR_8=80% lassen die Existenz von Oligopolgruppen auf den Märkten A, B, und C vermuten. Der Hirschman-Herfindahl-Index zeigt für diese Märkte nur eine relativ niedrige Konzentration an. Dies verdeutlicht noch einmal, daß er für das Erkennen von Oligopolkernen und Teiloligopolen nicht geeignet ist, insbesondere bei Vorliegen von solidarischem Gruppenverhalten muß trotz des von ihm angezeigten niedrigen Konzentrationsgrades eine hohe Wettbewerbsgefährdung vermutet werden.

Die Größe der Oligopolgruppen soll mit den Schwellenwerten k der Dominanzmaße D^A, D^S,D^{HHI},D^Q und der relativen mittleren Dominanz L ermittelt werden. Die Ungleichverteilung der Marktanteile der Unternehmen der Kerngruppe soll mit den mittleren Dominanzen L_4^* und L_8^* ermittelt werden.[1]

[1] Vgl. Piesch / Schmidt (1983), S.37 ff.

Tab.18: Konzentrations- und Dominanzmaße für verschiedene Marktkonstellationen

	Markt A	Markt B	Markt C	Markt D
	symmetrisches Oligopol	asymmetr. Teiloligopol	asymmetr. Teiloligopol	Teilmonopol
	p_i	p_i	p_i	p_i
Acht	10 %	12,5 %	14 %	41 %
Größte	10 %	12,5 %	14 %	
	10 %	12,5 %	14 %	
	10 %	12,5 %	14 %	
	10 %	8 %	7 %	
	10 %	8 %	7 %	
	10 %	7 %	5 %	
	10 %	7 %	5 %	
Kleine	20*1 %	12*1 %	20*1 %	59*1 %
Konzentra-	HHI=820	HHI=863	HHI=952	HHI=1740
tionsmaße	E=398[1]	E=963	E=676	E=458
	CR_1=10	CR_1=12,5	CR_1=14	CR_1=41
	CR_4=40	CR_4=50	CR_4=56	CR_4=44
	CR_8=80	CR_8=80	CR_8=80	CR_8=48
Mittlere	L_4^*=1	L_4^*=1	L_4^*=1	L_4^*=25,4
Dominanz	L_8^*=1	L_8^*=1,5	L_8^*=1	L_4^*=15,8
Aus Dominanz-	k_A=8	k_A=8	k_A=8	k_A=1
maßen	k_S=8	k_S=8	k_S=8	k_S=1
te Schwellen-	k_{HHI}=8	k_{HHI}=8	k_{HHI}=6	k_{HHI}=1
werte k[2]	k_Q=8	k_Q=8	k_Q=8	k_Q=1
	k_L=8	k_L=8	k_L=8	k_L -

[1] aus Gründen der besseren Vergleichbarkeit wurden die Werte des Exponentialindex ebenfalls mit 10.000 multipliziert

[2] Stelle der Maxima von D^A, D^S, D^{HHI}, D^Q und Minimum von L_k.

Für das symmetrische Oligopol (Markt A) zeigt der Hirschman-Herfindahl-Index eine niedrige Konzentration an (HHI=820). Die Acht-Firmen-Konzentrationsrate weist hingegen auf eine relativ hohe Gesamtkonzentration hin (CR_8=80%). Die Schwellenwerte $k_A=k_S=k_{HHI}=k_Q=k_L=8$ verdeutlichen die oligopolistische Struktur des Marktes.

Auch für das erste asymmetrische Teiloligopol (Markt B) zeigt der Hirschman-Herfindahl-Index eine niedrige Konzentration an (HHI=863). Die Acht-Firmen-Konzentrationsrate weist auf eine hohe Konzentration hin (CR_8=80%). Die Disparität unter den acht größten Unternehmen ist gering ausgeprägt. Die Schwellenwerte $k_A=k_S=k_{HHI}=k_Q=k_L=8$ verdeutlichen die oligopolistische Struktur des Marktes.

Für das zweite asymmetrische Teiloligopol (Markt C) zeigt der Hirschman-Herfindahl-Index ebenfalls eine niedrige Konzentration an (HHI=952). Die Acht-Firmen-Konzentrationsrate weist wiederum auf eine hohe Konzentration hin (CR_8=80%). Die Disparität unter den acht größten Unternehmen ist ebenfalls gering ausgeprägt. Die Schwellenwerte $k_A=k_S=k_Q=k_L=8$ verdeutlichen wieder die oligopolistische Struktur des Marktes.

Für das Teilmonopol (Markt C) zeigen sowohl der Hirschman-Herfindahl-Index (HHI=1.740) als auch die Vier-Firmen-Konzentrationsrate (CR_4= 44%) und die Acht-Firmen-Konzentrationsrate (CR_8=48%) lediglich eine mittelgroße Konzentration an. Die Disparität unter den vier größten und acht größten Unternehmen ist jedoch stark ausgeprägt. Der Abstand des größten Unternehmens zum nächstgrößten Unternehmen ist so groß, daß $k_A=k_S=k_{HHI}=k_Q=1$. Lediglich die relative mittlere Dominanz L_k zeigt das marktbeherrschende Unternehmen nicht an, da sie erst ab k=2 ermittelt werden kann.

Diese Beispiele verdeutlichen, daß der Einsatz eines einzigen Konzentrationsmasses nicht ausreichend ist, sondern daß für eine effiziente Fusionskontrolle mehrere Konzentrations- und Dominanzmaße gleichzeitig eingesetzt werden müssen, und daß ein Unternehmenszusammenschluß überprüft werden sollte, wenn eines oder mehrere dieser Konzentrations- und Dominanzmaße eine hohe Konzentration anzeigt.

5. Die amerikanischen Fusionsrichtlinien und die Notwendigkeit ihrer Präzisierung

5.1. Einleitung

Der im Jahre 1890 vom amerikanischen Kongress verabschiedete Sherman Act war das erste Wettbewerbsgesetz eines Industriestaates. Er diente als Vorbild für die Wettbewerbsgesetze anderer Staaten, wie zum Beispiel das Gesetz gegen Wettbewerbsbeschränkungen (GWB) der Bundesrepublik Deutschland. Die wichtigsten Bestimmungen des Sherman Acts waren das Verbot von wettbewerbsbeschränkenden horizontalen und vertikalen Absprachen, das Verbot von abgestimmten Verhaltensweisen, das Verbot bestimmter Zusammenschlußformen und das Verbot der Monopolisierung sowie aller Monopolisierungsversuche. Der Sherman Act erwies sich als kein effizientes Instrument gegen wettbewerbsbeschränkendes Verhalten und gegen Unternehmenszusammenschlüsse.

Der Sherman Act wurde erweitert und präzisiert durch den Federal Trade Commission Act vom 26.09.1914 und den Clayton Act vom 15.10.1914. Wichtigste Bestimmung des Federal Trade Commission Act ist das Verbot von unlauteren Wettbewerbspraktiken gegenüber anderen Unternehmen.[1] Die zur Zeit gültige Zusammenschlußkontrolle in der US-amerikanischen Wettbewerbspolitik basiert auf Sec.7 Clayton Act bzw. Sec.7A Clayton Act von 1976. Nach Sec.7 Clayton Act ist ein Unternehmenszusammenschluß zu verbieten, wenn seine Wirkung darin bestehen kann, daß auf einem sachlich und räumlich relevanten Markt der Wettbewerb erheblich beeinträchtigt wird oder die Entstehung einer Monopolstellung erleichtert wird.

1 Vgl. Herdzina (1990), S.518 ff.

Übersicht: Amerikanische Wettbewerbsschutzgesetze und Fusionsrichtlinien

Regelung	Inhalt	Gesetzeskraft
Sherman Act (1890)	Verbot bestimmter Zusammenschlußforrmen	ja
Federal Trade Commission Act (1914)	Verbot unlauterer Wettbewerbspraktiken gegen andere Unternehmen	ja
Clayton Act (1914)	Verbot von horizontalen Zusammenschlüssen und Anteilserwerben	ja
Celler-Kefauver Antimerger Act (1950)	Verbot von vertikalen und konglomeraten Zusammenschlüssen und des Erwerbs von Aktiva	ja
Hart-Scott-Rodino Antitrust Improvements Act (1970)	Anmeldepflicht für bedeutende Unternehmenszusammenschlüsse	ja
Fusiosnrichtlinien 1968 Fusionsrichtlinien 1982 Fusionsrichtlinien 1984 Fusionsrichtlinien 1992	Richtlinien für die Untersagung von Unternehmenszusammenschlüssen durch die Behörden und für die von den Behörden akzeptierten Rechtfertigungsgründe	nein

In seiner ursprünglichen Form erfaßte Sec.7 Clayton Act nur Kapitalbeteiligungen und horizontale Unternehmenszusammenschlüsse.[1] Erst durch den 1950 verabschiedeten Celler-Kefauver Antimerger Act konnten auch vertikale Zusammenschlüsse, konglomerate Zusammenschlüsse und der Erwerb von Aktiva untersagt werden. Durch den 1976 verabschiedeten Hart-Scott-Rodino Antitrust Improvements Act wurde ein neuer Sec.7 A in den Clayton Act eingefügt, der eine Anmeldepflicht für bedeutende Unternehmenszusammenschlüsse und ein Vollzugsverbot von 30 Tagen enthält.

1 Vgl. Herdzina (1991), S.240

Im Gegensatz zum deutschen und europäischen Wettbewerbsrecht bietet das amerikanische Wettbewerbsrecht auch die Möglichkeit der Entflechtung von vollzogenen Unternehmenszusammenschlüssen. Aufsehenerregende Entflechtungsfälle waren Standard Oil, American Tobacco (beide 1911), Grinnell (1966), United Shoe Machinery (1968) und American Telephone & Telegraph.[1]

Die Fusionsrichtlinien von 1968 legten ihr Schwergewicht auf Strukturfaktoren. Die meisten Entscheidungen in der amerikanischen Fusionskontrolle beruhten lediglich auf den Marktanteilen der an dem überprüften Zusammenschluß beteiligten Unternehmen.[2] Wie in der vorliegenden Untersuchung jedoch noch zu zeigen sein wird, sollte die Entscheidung über die Rechtmäßigkeit eines Unternehmenszusammenschlusses sich nicht ausschließlich auf die Marktanteile der beteiligten Unternehmen stützen.

In den Fusionsrichtlinien von 1982 und 1984 kommt die deutlich tolerantere Haltung der Reagan-Administration im Vergleich zu den vorherigen Regierungen gegenüber Fusionen zum Ausdruck. Diese Lockerungstendenzen stehen im Widerspruch zur Entwicklung in der BRD, in der 1980 und 1989 im Rahmen der 4. und 5. Novelle des Gesetzes gegen Wettbewerbsbeschränkungen (GWB) die Bestimmungen der Mißbrauchsaufsicht und der Zusammenschlußkontrolle verschärft wurden, und zur Entwicklung in der EG, in der 1989 eine Zusammenschlußkontrolle eingeführt wurde.[3]

In der 5. GWB-Novelle wurden bei der Definition der überragenden Marktstellung (§ 22, Abs. 1, Nr. 2) neben dem Marktanteil, der Finanzkraft, dem Zugang

1 Vgl. Herdzina (1991), S.241

2 Vgl. Edwards / Joffe / Kolasky / McGowan / Mendez-Penate / Ordover / Proger / Solomon / Toepke (1981), S.1545

3 Vgl. Herdzina (1990), S.523

zu den Beschaffungs- oder Absatzmärkten, der Verflechtung mit anderen Unternehmen und der Marktzutrittsschranken zwei weitere Kriterien eingefügt: die Fähigkeit des Unternehmens, sein Angebot oder seine Ware auf andere Waren oder gewerbliche Leistungen umzustellen und die Möglichkeit der Marktgegenseite, auf andere Unternehmen auszuweichen.

Vor der 5. GWB-Novelle war der Erwerb von bis zu 25 % der Stimmrechte eines Unternehmens und bis zu 50 % des Kapitals fusionskontrollfrei; jetzt beginnt die Fusionskontrolle beim Anteilserwerb, wenn ein Unternehmen an einem anderen entweder 25 % der Stimmen (wie bisher) oder 25 % des Kapitals (neu) erwirbt.

In § 23, Abs. 2, Nr. 6 wurde der neue Zusammenschlußtatbestand "wettbewerblich erheblicher Einfluß" eingeführt: Ein Zusammenschluß liegt nach § 23, Abs. 2, Nr. 6 jetzt auch vor, wenn ein oder mehrere Unternehmen unmittelbar oder mittelbar einen wettbewerblichen Einfluß auf ein anderes Unternehmen ausüben kann, auch wenn

- ein geringerer Anteil als 25 % des Kapitals oder der Stimmrechte des anderen Unternehmens erreicht wird;[1]

- dem Erwerber durch Erwerb von Anteilen mittels Vertrag, Satzung, Gesellschaftsvertrag oder Beschluß keine Rechtsstellung verschafft ist, die bei der Aktiengesellschaft ein Aktionär mit mehr als 25 % des stimmberechtigten Kapitals innehat;[2]

[1] Vgl. § 23 GWB, Abs. 2, Nr. 2, Satz 1 a)
[2] Vgl. § 23 GWB, Abs. 2, Nr. 2, Satz 4

- die Personengleichheit von mindestens der Hälfte der Mitglieder des Aufsichtsrats, des Vorstands oder eines sonstigen zur Geschäftsführung berufenen Organ von Unternehmen nicht erreicht ist;[1]

- ein oder mehrere Unternehmen aufgrund einer sonstigen Verbindung von Unternehmen unmittelbar oder mittelbar keinen beherrschenden Einfluß auf ein anderes Unternehmen ausüben können.[2]

Die amerikanischen Fusionsrichtlinien von 1982,1984 und 1992 weichen in einigen Punkten erheblich von den Fusionsrichtlinien von 1968 ab. An erster Stelle sind hierbei die Erweiterung der relevanten Marktgrenzen, der Wechsel des verwendeten Konzentrationsmaßes (statt der Vier-Firmen-Konzentrationsrate wird der Hirschman-Herfindahl-Index zur Messung der Marktkonzentration verwendet), die Heraufsetzung der Schwellenwerte zur Überprüfung der wettbewerblichen Bedenklichkeit von Unternehmenszusammenschlüssen und die Einführung der Effizienzsteigerungsklausel, mit der das Justizministerium bei seiner Entscheidung, ob es gegen einen Unternehmenszusammenschluß vorgehen soll, die Erzielung von Nettoeffizienzgewinnen der fusionsbeteiligten Unternehmen berücksichtigt, zu nennen.

Liegen nach Unternehmenszusammenschlüssen die HHI-Werte unterhalb der Schwellenwerte, spricht man von Sicherheitszonen: die Unternehmenszusammenschlüsse werden, wenn die HHI-Werte sich innerhalb dieser Sicherheitszone befinden, wettbewerbspolitisch für unbedenklich befunden. Liegen die HHI-Werte nach Unternehmenszusammenschlüssen außerhalb der Sicherheitszonen, wird nach den Fusionsrichtlinien von 1992 eine Wettbewerbsgefährdung vermutet.

1 Vgl. § 23 GWB, Abs. 2 Nr. 4
2 Vgl. § 23 GWB, Abs. 2, Nr. 5

Konzentration wurde als Beweis für Wettbewerbsgefährdung betrachtet. Das amerikanische Justizministerium überprüft Unternehmenszusammenschlüsse, wenn der HHI-Wert nach dem Zusammenschluß zwischen 1.000 und 1.800 Punkten liegt, und um mehr als 100 Punkte zunimmt oder wenn der HHI-Wert nach dem Zusammenschluß über 1.800 Punkten lieg,t und wenigstens um 50 Punkte zunimmt. Das Vorgehen gegen einen Unternehmenszusammenschluß hängt nach den Fusionsrichtlinien von 1992 dabei von nichtstrukturellen Faktoren ab.

Diese Regelung gab die tatsächliche Fusionskontrollpolitik in den Vereinigten Staaten nicht treffend wider. Die amerikanischen Antitrust-Behörden gingen nur gegen sehr wenige Zusammenschlüsse auf mäßig konzentrierten Märkten und sehr selten gegen Zusammenschlüsse auf hoch konzentrierten Märkten vor.

Die derzeit gültigen Fusionsrichtlinien von 1992[1] beruhen auf den Grundprinzipien der Fusionsrichtlinien von 1982 und 1984. Das Besondere an den neuen Fusionsrichtlinien von 1992 besteht darin, daß damit zum ersten Mal das Justizministerium und die Federal Trade Commission eine gemeinsame Erklärung der Fusionskontrollpolitik unterzeichneten.

Hauptziele der neuen Fusionsrichtlinien sind:

- Die Ausrichtung der Behandlung der Marktkonzentration an der Fusionskontrollpraxis, d. h., daß neben der Marktkonzentration auch weitere Kriterien wie Nettoeffizienzgewinne oder Markteintrittsbarrieren in der Fusionskontrolle berücksichtigt werden: die Entscheidung, ob die Antitrust-Behörden gegen einen Unternehmenszusammenschluß vorgehen sollten, soll nicht allein anhand von Marktanteilsdaten getroffen werden.

[1] Vgl. Department of Justice and Federal Trade Commission (1992)

- Die Gestaltung eines Kriterienkataloges zur Beurteilung der Auswirkungen von Unternehmenszusammenschlüssen auf den Wettbewerb unter Verwendung von strukturellen und nichtstrukturellen Beweismitteln.

- Die Präzisierung der Analyse der Markteintrittsbarrieren durch Konkretisierung der von den Antitrust-Behörden verwendeten Normen.

Die Behandlung der Konzentration wurde in den Fusionsrichtlinien von 1992 in einigen wesentlichen Punkten geändert:[1]

- Das Vorgehen der amerikanischen Antitrust-Behörden gegen einen Unternehmenszusammenschluß hängt nicht mehr vorwiegend von strukturellen Kriterien ab. Die neuen Richtlinien besagen lediglich, daß, falls der Konzentrationsgrad eines Marktes nach einem Unternehmenszusammenschluß außerhalb der Sicherheitszonen liegt, ein derartiger Zusammenschluß wettbewerbspolitisch bedenklich ist und die Antitrust-Behörden deshalb weitere Faktoren untersuchen werden.

- Statt der Klausel, daß nichtstrukturelle Faktoren bei Unternehmenszusammenschlüssen auf hoch konzentrierten Märkten (HHI > 1.800) nur in Ausnahmefällen die Entscheidung zulassen, daß ein Unternehmenszusammenschluß zu keiner erheblichen Beeinträchtigung des Wettbewerbs führt, führten die Fusionsrichtlinien von 1992 eine widerlegbare Beweisvermutung ein: die Vermutung, daß durch ein Unternehmenszusammenschluß, der zu einem HHI-Wert von über 1.800 Punkten bei einer Zunahme des HHI um mehr als 100 Punkte führt, wahrscheinlich Marktmacht entsteht oder Marktmacht zunimmt oder ihre Ausübung erleichtert wird kann dadurch widerlegt werden, daß angesichts der in den Abschnitten 2-5 der

[1] Vgl. James (1993), S.449

Fusionsrichtlinien enthaltenen Kriterien die Entstehung oder Zunahme von Marktmacht oder die Erleichterung ihrer Ausübung unwahrscheinlich ist.

- Die Fusionsrichtlinien von 1992 stellen eine deutliche Verbindung zwischen Konzentration und der Untersuchung der Auswirkungen von Unternehmenszusammenschlüssen auf den Wettbewerb her.

Aufgrund dieser Veränderungen wird Konzentration jetzt nicht länger als Beweismittel für die Wettbewerbsgefährdung eines Marktes verwendet, das gegenüber anderen Faktoren abgewogen wird, sondern stattdessen als wichtige Komponente in einem analytischen Rahmen, der das Ausmaß, in dem durch ein Zusammenschluß wahrscheinlich den Wettbewerb auf dem zugrundegelegten Markt beeinflußt wird, zu bestimmen versucht.

Ein großer Problem der Zusammenschlußkontrolle besteht darin, daß die Fusionsrichtlinien keine Gesetzeskraft besitzen. Auf Antrag der Antitrust-Behörden kann gegen die fusionsbeteiligten Unternehmen ein Verfahren vor dem zuständigen Distriktgericht eingeleitet werden. Gegen die Entscheidungen der Antitrust-Behörden können die fusionsbeteiligten Unternehmen Beschwerde erheben vor dem Court of Appeals bzw. Rechtsbeschwerde vor dem Federal Supreme Court. Diese Gerichte sind jedoch nicht verpflichtet, die Fusionsrichtlinien anzuwenden. In letzter Zeit nahmen sie immer mehr Abstand von einer Anwendung der Fusionsrichtlinien:

"We note that the Department of Justice Guidelines offer a useful illustration of the application of the HHI, but are by no means to be considered binding on the court."[1]

[1] Vgl. FTC v. PDG Industries, 798 F.2d 1503 n.4 (D.C. Circuit 1986)

"The judge... will be generally unimpressed with authorities which do not actually control the decision in the case, including anyone's guidelines on any subject."[1]

5.2. Die Marktabgrenzung

Ein Markt wird abgegrenzt als Produkt oder Gruppe von Produkten (sachliche Marktabgrenzung) und als geographischer Raum, in dem das relevante Produkt hergestellt oder verkauft wird (räumliche Marktabgrenzung), so daß ein fiktives, gewinnmaximierendes, nicht der Preisregulierung unterliegendes Unternehmen, bei dem es sich um den einzigen aktuellen und zukünftigen Hersteller oder Verkäufer dieser Produkte in diesem Raum handelt, wahrscheinlich eine geringfügige, jedoch signifikante und nicht nur vorübergehende Preiserhöhung durchsetzen könnte unter der Annahme, daß die Verkaufsbedingungen aller anderen Produkte unverändert bleiben würden.[2] Bei einer derartigen Marktabgrenzung muß man sämtliche Substitutionsmöglichkeiten auf der Nachfragerseite (die Käufer können zu anderen Produkten wechseln) und auf der Angebotsseite (die Hersteller anderer Produkte können ihre Kapazitäten auf den relevanten Markt verlagern) berücksichtigen.[3]

Bei dem Versuch einer objektiven Beurteilung der Auswirkung einer geringfügigen, jedoch signifikanten und nicht nur vorübergehenden Preiserhöhung werden die Antitrust-Behörden in den meisten Fällen von einer Preiserhöhung von fünf Prozent für die Dauer eines Jahres ausgehen.

[1] Vgl. Jackson (1992), S.169

[2] Vgl. Department of Justice and Federal Trade Commission (1992), Abschnitt 1.0

[3] Vgl. Jacquemin / Buigues / Ilzkovitz (1989), S. 50

Was aber unter einer geringfügigen, jedoch signifikanten und nicht nur vorübergehenden Preiserhöhung zu verstehen ist, hängt von der Branche ab. Die Behörden können daher gelegentlich von einer Preiserhöhung um mehr oder weniger als fünf Prozent ausgehen.

Zu den Marktteilnehmern werden Unternehmen gerechnet, die gegenwärtig Marktprodukte in dem relevanten Marktgebiet herstellen oder verkaufen. Außerdem werden Unternehmen zu den Marktteilnehmern gerechnet, deren wahrscheinliche Angebotsreaktion von einer kleinen, aber signifikanten und nicht nur vorübergehenden Preiserhöhung abhängig ist.

Eine wesentliche Veränderung im Vergleich zu den Fusionsrichtlinien von 1984 ist die Miteinbeziehung von Unternehmen, die als Reaktion auf eine "kleine, aber signifikante und nicht nur vorübergehende" Preiserhöhung wahrscheinlich mit der Herstellung oder dem Verkauf des relevanten Produktes in dem Marktgebiet beginnen, ohne daß ihnen signifikante Markteintritts- und Marktaustrittskosten entstehen. Unternehmen, die wahrscheinlich eine dieser Angebotsreaktionen zeigen, werden "nicht-gebundene" neue Wettbewerber bezeichnet, da ihre Angebotsreaktion zur Herstellung oder zum Verkauf von Produkten auf dem relevanten Markt führen würde, und diese Produktion bzw. dieser Verkauf schnell wieder beendet werden könnte ohne daß signifikante Verluste entstehen.[1]

Die Wahl der Schwellenwerte für eine "signifikante und nicht nur vorübergehende Preiserhöhung", d. h. die Wahl einer Fünf-Prozent-Schwelle für ein Jahr, muß als willkürlich betrachtet werden. Bei einer Marktabgrenzung sollte eine detaillierte Analyse der wahrscheinlichen Wohlfahrtsgewinne und Wohlfahrtsverluste

1 Vgl. Department of Justice and Federal Trade Commission (1992), Abschnitt 1.0

durchgeführt werden.[1] Ein Zusammenschluß, der nur zu einer geringfügigen oder kurzzeitigen Preiserhöhung führt, hätte keine wesentliche Auswirkung auf die Wohlfahrt der Verbraucher eines Marktes und würde somit keinen Markteingriff rechtfertigen.[2] Bei Wahl eines niedrigen Prozentsatzes für die Preiserhöhungsklausel besteht die Gefahr, Zusammenschlüsse zu verbieten, die relativ unschädlich sind oder sogar zu Nettoeffizienzgewinnen führen. Ein hoher Prozentsatz ermöglicht hingegen Unternehmenszusammenschlüsse, die die Marktmacht der fusionsbeteiligten Unternehmen erheblich verstärken und aufgrund von Preiserhöhungen Wohlfahrtsverluste bewirken.

Eine hypothetische Preiserhöhung von 5% ist ein Versuch, zu messen, ob ein Unternehmen gewinnbringend Preise erhöhen kann, wozu es erforderlich ist, das Ausmaß zu bestimmen, in dem Verbraucher von Substitutionsmöglichkeiten des relevanten Produktes Gebrauch machen. Bei einer hypothetischen Preiserhöhung handelt sich daher implizit um einen Funktionswert der Nachfrage-Kreuzpreiselastizität, ohne daß von den Fusionsrichtlinien der Preis konkretisiert wird, von dem bei einer hypothetischen Preiserhöhung ausgegangen werden sollte.[3] Da die Kreuzpreiselastizität mit steigendem Preis zunimmt, und der Preis eine Funktion des existierenden Grades der Marktmacht ist, überschätzt das in den Fusionsrichtlinien beschriebene Verfahren die Größe des relevanten Marktes, wenn Unternehmen bereits über genügend Marktmacht verfügen, um höhere Preise als den Wettbewerbspreis durchzusetzen.[4] Außerdem stehen die für die Berechnung der Kreuzpreiselastizitäten benötigten statistischen Daten den Antitrust-Behörden häufig überhaupt nicht zur Verfügung.

1 Vgl. Fisher (1987), S.30
2 Vgl. Werden (1983), S.538 f.
3 Vgl. Landes / Posner (1981), S.960 f.
4 Vgl. Harris / Jorde (1983), S.483 f.

Die Verwendung eines hypothetischen Monopolisten für Zwecke der Marktabgrenzung widerspricht jeder Realität. Die Antitrust-Behörden unterstellen damit, daß Anbieter und Nachfrager eine Preiserhöhung direkt wahrnehmen können; sie betrachten also nicht nur einen hypothetischen Monopolisten, sondern ebenso hypothetische Konkurrenten. Manager verfügen jedoch nicht über Informationen über Marktverhältnisse in angrenzenden Märkten.[1]

Die Bestimmung des Preises, von dem bei der Preiserhöhung ausgegangen werden sollte, ist problematisch. Es stimmt zwar, daß die Verwendung eines einheitlichen Preises einem einheitlichen geographischen Markt entspricht, und daß verschiedene Preise auf verschiedene geographische Märkte deuten. Auf zwei verschiedenen geographischen Märkten kann jedoch aufgrund eines übereinstimmenden Nachfrage-Angebot-Gleichgewichtes derselbe Preis gelten, nicht weil die Markteilnehmer eines Marktes ihre Aktionen über die Grenzen ihres Marktes hinaus verlagern. Zieht man lediglich Preise für eine geographische Marktabgrenzung heran, kann es fälschlicherweise zu einer zu breiten Marktabgrenzung kommen.[2]

Das Einheitskriterium ist kein angemessenes Kriterium für die Messung von Marktmacht, denn wie die obigen Ausführungen ergeben haben, besteht durch eine fehlerhafte Marktabgrenzung die Gefahr einer Fehleinschätzung der Marktmacht der fusionsbeteiligten Unternehmen.

Durch eine breite Marktabgrenzung erhält man beispielsweise einen HHI-Wert unterhalb der kritischen Schwellenwerte für ein Aufgreifen des Unternehmenszusammenschlusses. Das Problem liegt also darin, daß der Wert des Hirschman-

1 Vgl. Harris / Jorde (1983), S.481
2 Vgl. Elzinga / Hogarty (1973), S.49

Herfindahl-Index und somit die Frage, ob die Schwellenwerte der Fusionsrichtlinien überschritten werden, von der zugrundegelegten Marktabgrenzung abhängig ist. Im allgemeinen werden die wettbewerbsgefährdenden Auswirkungen von Unternehmenszusammenschlüssen durch das von den Fusionsrichtlinien festgelegte Verfahren zur Marktabgrenzung erheblich unterschätzt - unabhängig von der Wahl des zur Messung der Marktkonzentration verwendeten statistischen Konzentrationsmaßes.[1]

In der Fusionskontrolle können quantitative Kriterien zwar wertvolle Anhaltspunkte bei der Marktabgrenzung liefern, es sollten jedoch auch qualitative Faktoren berücksichtigt werden, die auf die Besonderheiten des einzelnen Falles eingehen.

So sollten bei der geographischen Marktabgrenzung auch Kriterien wie die Höhe der Transportkosten, die Haltbarkeit des relevanten Produktes, regionale Besonderheiten des Marktes und die Gewohnheiten der Verbraucher berücksichtigt werden.

Die Probleme der Marktabgrenzung wurden besonders deutlich im Fall Coca-Cola/Dr. Pepper. Während Coca-Cola die Auffassung vertrat, daß sein Hauptprodukt und andere kohlensäurehaltigen Getränke in starker Konkurrenz zu kohlesäurefreien Getränken stehen, stellte die Federal Trade Commission einen besonderen Markt für kohlesäurehaltige Getränke fest. Die zugrundegelegte Marktabgrenzung war von zentraler Bedeutung:[2] im ersten Fall blieb der Wert des Hirschman-Herfindahl-Index nach der Fusion deutlich unter dem kritischen

1 Vgl. Harris / Jorde (1983), S.489 f.
2 Vgl. Glais (1992), S.100

Schwellenwert von 1.000 Punkten, während dieser Schwellenwert im zweiten Fall deutlich überschritten wurde.

Wenn der Markt eng abgegrenzt wird, hat der Hirschman-Herfindahl-Index keine so große Bedeutung wie bei breiter Marktabgrenzung. Je nachdem, wie eng bzw. wie breit der räumlich relevante Markt abgegrenzt wird, sollten die kritischen Konzentrations- und Dominanzmaße unterschiedlich festgesetzt werden; d. h., je weiter der räumlich relevante Markt abgegrenzt wird, desto niedriger sollten die kritischen Werte für diesen größeren Markt gewählt werden; je enger der räumlich relevante Markt abgegrenzt wird, desto höher sollten die kritischen Werte für diesen kleineren Markt gewählt werden.[1]

5.3. Konzentrationsmessung

5.3.1. Die Schwellenwerte der Fusionsrichtlinien

Nach Abgrenzung des relevanten Marktes besteht der nächste Schritt bei der Anwendung der US-Fusionsrichtlinien in der Messung der Größe der Unternehmenszusammenschlüsse und des Konzentrationsgrades des relevanten Marktes. Während die Fusionsrichtlinien von 1968 noch mit den herkömmlichen Konzentrationsraten arbeiteten, verwenden die Fusionsrichtlinien von 1982, 1984 und 1992 den Hirschman-Herfindahl-Index. Der Hirschman-Herfindahl-Index liegt zwischen einem Wert nahe 0 und 1 bzw. 10.000 im Monopolfall, da die US-Fusionsrichtlinien mit Prozentzahlen arbeiten.

Die zur Berechnung des Hirschman-Herfindahl-Index verwendeten Marktanteile werden wertmäßig durch Messung der Umsätze, Lieferungen oder Produktion in

[1] Vgl. Piesch / Schmidt (1983), S.89

Dollar oder mengenmäßig durch Messung der Umsätze, Lieferungen, Produktion, Kapazitäten oder Reserven aller inländischen Unternehmen ausgedrückt.[1]

Sind die Produkte relativ differenziert, ziehen die Antitrust-Behörden bevorzugt in Dollar ausgedrückte Umsätze oder Lieferungen heran, sind die Produkte relativ homogen, ziehen sie bevorzugt Kapazitäten, Reserven oder in Dollar ausgedrückte Produktion heran.

Lediglich sieben Monate vor Veröffentlichung der Fusionsrichtlinien von 1982 betrachtete einer ihrer Hauptverfasser, der Leiter der Antitrust-Abteilung des Justizministeriums William F. Baxter, einen HHI-Wert von 1.600 als Schwelle für einen hoch konzentrierten Markt.[2] Baxter selbst bestätigte mehrfach, daß die Schwellenwerte als willkürlich angesehen werden müssen, und ein geringes Über- oder Unterschreiten derselben nicht als ausschlaggebendes Kriterium für oder gegen ein Vorgehen gegen einen Unternehmenszusammenschluß verwendet werden sollte:

"I would suppose that mergers which yielded post-merger indices of just over 1,000 would likely be all right, unless a large preponderance of the other factors were running against them; and mergers approaching 1,800 were likely to be in trouble unless a large preponderance of other factors were running for them."[3]

1 Vgl. Department of Justice and Federal Trade Commission (1992), Abschnitt 1.4
2 Vgl. Baker (1981), A-2-A-5
3 Vgl. Baxter (1982), S.292

"The difference between an HHI of 950 and 1,050 is slight, and the Division will treat it as such: In such a marginal case, the Division will not necessarily rest its decision on whether the merger falls above or below the threshold."[1]

George Stigler fand in einer empirischen Untersuchung heraus, daß ein HHI-Wert von 2.000 bis 2.500 Punkten als Schwelle für einen hoch konzentrierten Markt angesehen werden muß.[2]

Andererseits kann zugunsten der Schwellenwerte argumentiert werden, daß Festlegungen dieser Art eindeutig für die anwendenden Behörden, leicht handzuhaben und leicht nachvollziehbar sind. Durch Unternehmenszusammenschlüsse entstandene Änderungen der Marktkonzentration können schön dokumentiert werden.

Liegt der HHI-Wert nach einem Unternehmenszusammenschluß unter 1.000 Punkten, ist es unwahrscheinlich, daß wettbewerbsgefährdende Auswirkungen entstehen.[3] Eine weitere Überprüfung ist nach Ansicht der Antitrust-Behörden normalerweise nicht erforderlich.

Ergibt sich nach einem Unternehmenszusammenschluß ein HHI-Wert zwischen 1.000 und 1.800 Punkten bei einem Zuwachs des HHI von weniger als 100 Punkten, ist es unwahrscheinlich, daß wettbewerbsgefährdende Auswirkungen entstehen; eine weitere Überprüfung ist normalerweise nicht erforderlich. Nimmt der HHI-Wert um mehr als 100 Punkte zu, verursachen Unternehmenszusammen-

[1] Vgl. Baxter (1983), S.626

[2] Vgl. Testimony of George Stigler, Marathon Oil Co. v. Mobil Corp., 530 Federal Supporter 315 (N.D. Ohio) affirmed

[3] Vgl. Department of Justice and Federal Trade Commission (1992), Abschnitt 1.51

schlüsse erhebliche wettbewerbspolitische Bedenken, abhängig von den in den Abschnitten 2-5. der Fusionsrichtlinien dargelegten Faktoren.

Tab. 19: Vorgehen der amerikanischen Antitrust-Behörden gegen Unternehmenszusammenschlüsse

	0-1.000	1.000-1.800	1.800-10.000
0-50	Keine Überprüfung	Keine Überprüfung	Keine Überprüfung
50-100	Keine Überprüfung	Keine Überprüfung	Wettbewerbs-pol. Bedenken *
> 100	Keine Überprüfung	Wettbewerbs-pol. Bedenken *	Wettbewerbs-pol. Bedenken *

*Überprüfung anhand von den Kriterien der Abschnitte 2-5

Die Überschrift der ersten Spalte gibt die Zunahme der HHI-Werte nach Unternehmenszusammenschlüssen an. Die Überschriften der zweiten, dritten und vierten Spalte in Tabelle 19 geben die HHI-Werte nach vollzogenen Unternehmenszusammenschlüssen an.

Die Fusionsrichtlinien überlassen es dem Ermessen der Antitrust-Behörden, wie weitere Faktoren bei der Entscheidung über die Rechtmäßigkeit eines Unternehmenszusammenschlusses gewichtet werden sollten. Es ist unklar, wie andere Faktoren (z.B. Markteintrittsbarrieren) gegenüber hohen HHI-Werten abgewogen werden sollten, d.h. ob hohen Konzentrationsgraden oder nicht-strukturellen Kriterien die Priorität eingeräumt werden sollte.

Die Schwellenwerte wurden durch hypothetische Vergleiche mit verschiedenen, aus gleichgroßen Unternehmen bestehenden Märkten festgelegt.

So entspricht ein Markt mit einem HHI-Wert von 1.000 Punkten einer Äquivalenzzahl von zehn Unternehmen; ein Markt mit einem HHI-Wert von 1.800 Punkten kann mit einem Markt mit einer Äquivalenzzahl von fünf Unternehmen (HHI=2.000 Punkte) oder einem Markt mit einer Äquivalenzzahl von sechs Unternehmen (HHI=1.667 Punkte) verglichen werden.[1]

Nach den Fusionsrichtlinien von 1968 wurden Märkte hingegen in zwei Kategorien eingeteilt, dabei wurde mit einem kritischen Schwellenwert von CR_4=75% zwischen "hoch konzentrierten Märkten" und "weniger hoch konzentrierten Märkten" unterschieden. Das Justizministerium ging gewöhnlich gegen Zusammenschlüsse auf hoch konzentrierten Märkten vor, wenn die fusionsbeteiligten Unternehmen Marktanteile von 4% und 4% oder 10% und 2% oder 15% und 1% aufwiesen. Gegen Zusammenschlüsse auf weniger hoch konzentrierten Märkten ging das Justizministerium vor, wenn die fusionsbeteiligten Unternehmen Marktanteile von 5% und 5% oder 10% und 4% oder 15% und 3% oder 20% und 2% oder 25% und 1% aufwiesen.[2]

5.3.2. Kritische Beurteilung der HHI-Schwellenwerte

Folgende Zusammenschlüsse führen entsprechend den US-Fusionsrichtlinien auf hoch konzentrierten Märkten zu keiner Überprüfung - die Zunahme des HHI-Wertes beträgt also weniger als 50 Punkte:[34]

[1] Vgl. Cohen / Sullivan (1983), S.481
[2] Vgl. Miller (1982), S.610
[3] Vgl. Fox (1982), S.536; Calkins (1983), S.408
[4] Vgl. Kapitel 3.1.3. dieser Arbeit: Fusionieren zwei Unternehmen, beträgt die durch den Hirschman-Herfindahl-Index gemessene Änderung des Konzentrationsgrades das Doppelte des Produktes der Marktanteile der beiden fusionierenden Unternehmen.

Tab.20: Mögliche Marktanteile zweier fusionierender Unterehmen auf hoch konzentrierten Märkten

Marktanteile der am Zusammenschluß beteiligten Firmen	ΔHHI
25 % und 1 %	2x25 x1 =50
20 % und 1,25 %	2x20 x1,25=50
15 % und $1^2/_3$ %	2x15 x$1^2/_3$=50
12,5 % und 2 %	2x12,5x2 =50
10 % und 2,5 %	2x10 x2,5 =50
8 % und 3 %	2x 8 x3 =48
6 % und 4 %	2x 6 x4 =48
5 % und 5 %	2x 5 x5 =50

Fusionieren zwei Unternehmen mit jeweils 5% Marktanteil, kann man unter Umständen noch von einer Aufholfusion sprechen, die als wettbewerbsförderlich aufgefaßt werden kann.[1] Im Gegensatz dazu kann man, wenn zwei Unternehmen mit 25% und 1% Marktanteil sich zusammenschließen, nicht von einer Aufholfusion sprechen, sondern muß von einer Verstärkung der Marktmacht eines Großunternehmens durch Aufkauf eines Kleinunternehmens ausgehen. Dieses Beispiel offenbart die Schwäche der Fusionsrichtlinien, da für Großunternehmen mit hohem Marktanteil praktisch ein Anreiz besteht, Kleinunternehmen aufzukaufen.

1 Vgl. Schmidt / Ries (1983), S.531

Auf mäßig konzentrierten Märkten führen folgende Zusammenschlüsse zu keiner Überprüfung - die Zunahme des HHI-Wertes beträgt also weniger als 100 Punkte:

Tab.21: Mögliche Marktanteile zweier fusionierender Unternehmen auf mäßig konzentrierten Märkten

Marktanteile der am Zusammenschluß beteiligten Firmen	ΔHHI
40 % und 1 %	2x40x1 = 80
25 % und 2 %	2x25x2 = 100
20 % und 2,5 %	2x20x2,5 = 100
16 % und 3 %	2x16x3 = 98
12 % und 4 %	2x12x4 = 96
10 % und 5 %	2x10x5 = 100
8 % und 6 %	2x 8x6 = 96
7 % und 7 %	2x 7x7 = 98

Für eine gegebene Summe von Marktanteilen am Zusammenschluß beteiligter Unternehmen ist der Zuwachs des Hirschman-Herfindahl-Index am größten, wenn zwei Unternehmen den gleichen Marktanteil aufweisen, und am geringsten, wenn die Differenz zwischen den Marktanteilen der Unternehmen am größten ist.[1] Haben zum Beispiel zwei an einem Zusammenschluß beteiligte Unternehmen einen Marktanteil von insgesamt 10%, kann der HHI-Zuwachs nach Vollzug des Zusammenschlusses höchstens 50 Punkte (wenn die Marktanteile jeweils 5% sind) und wenigstens 18 Punkte betragen (wenn die Marktanteile 9% und 1% sind). Somit reflektiert der Hirschman-Herfindahl-Index auch bei Fusionen die Streuung der Marktanteile der Unternehmen.

1 Vgl. Calkins (1983), S.405

Die meisten Unternehmenszusammenschlüsse fallen in die Kategorie "Keine Überprüfung" (vgl. Tabelle 19):

(5.1) $\text{HHI} < 1.000;\ 1.000 < \text{HHI} < 1.800 \wedge \Delta\text{HHI} < 100;\ \text{HHI} > 1.800 \wedge \Delta\text{HHI} < 5\text{C}$

Damit es auf mäßig konzentrierten und hoch konzentrierten Märkten nicht ungehindert zu wettbewerbsgefährdenden Unternehmenszusammenschlüssen kommt, damit z. B. auf einem hoch konzentrierten Markt nicht ungehindert ein Großunternehmen mit 25% Marktanteil mit einem Kleinunternehmen mit 1% Marktanteil oder auf einem mäßig konzentrierten Markt ein Großunternehmen mit 40% Marktanteil mit einem Kleinunternehmen mit 1% Marktanteil fusionieren kann, sollten alle Unternehmenszusammenschlüsse auf Märkten mit einem Hirschman-Herfindahl-Index von mehr als 1.000 Punkten überprüft werden.

Niedrig konzentrierte Märkte gestatten unter anderem folgende Konstellationen von Marktanteilen:

Tab.22: Mögliche Konstellationen von Marktanteilen auf niedrig konzentrierten Märkten

Markt A sym. Oligopol		Markt B asym. Oligopol		Markt C sym. Teiloligopol		Markt D Teilmonopol	
p_i	p_i^2	p_i	p_i^2	p_i	p_i^2	p_i	p_i^2
10 %	100	12,5	156,25	15 %	225	30 %	900
10 %	100	12,5	156,25	15 %	225		
10 %	100	12,5	156,25	15 %	225		
10 %	100	12,5	156,25	15 %	225		
10 %	100	9	81				
10 %	100	9	81				
10 %	100	7	49				
10 %	100	7	49				
10 %	100	6	36				
10 %	100	6	36				
		3	9				
		3	9	40*1 %	40	70*1 %	70
HHI=1.000		HHI=975		HHI=940		HHI=970	

Tab. 23: Konzentrationsmaße für ein symmetrisches Oligopol mit niedrigem HHI (Markt A)

Kennzahlen		Werte
Exponentialindex	E	1.000
Konzentrationsraten	CR_1 CR_4 CR_8	10 40 80
Mittlere Dominanzen	L_4^* L_8^*	1 1
Schwellenwerte	k_A k_S k_{HHI} k_Q k_L	- - - - 10

Für das symmetrisches Oligopol könnte man infolge der geringen Zahl von Marktteilnehmern und der hohen Symmetrie auf eine hohe Konzentration schließen. Der Hirschman-Herfindahl-Index zeigt eine niedrige Konzentration an (HHI=1.000). CR_8=80%, L_4^*=1 und L_8^*=1 machen jedoch die hohe Konzentration deutlich.

Tab. 24 : Konzentrationsmaße für ein asymmetrisches Oligopol mit niedrigem HHI (Markt B)

Kennzahlen		Werte
Exponentialindex	E	913
Konzentrationsraten	CR_1 CR_4 CR_8	12,5 50 82
Mittlere Dominanzen	L_4^* L_8^*	1 0,98
Schwellenwerte	k_A k_S k_{HHI} k_Q k_L	10 6 6 10 10

Bei dem asymmetrischen Oligopol zeigt der Hirschman-Herfindahl-Index wiederum eine niedrige Konzentration an (HHI=975). CR_4=50% und CR_8=82% weisen auf die relativ hohe Gesamtkonzentration hin. Die Schwellenwerte k_A=10, k_S=6, k_{HHI}=6, k_Q=10 und k_L=10 verdeutlichen die teiloligopolistische Struktur des Marktes.

Tab. 25: Konzentrationsmaße für ein symmetrisches Teiloligopol mit niedrigem HHI (Markt C)

Kennzahlen		Werte
Exponentialindex	E	508
Konzentrationsraten	CR_1	15
	CR_4	60
	CR_8	64
Mittlere Dominanzen	L_4^*	1
	L_8^*	7,9
Schwellenwerte	k_A	4
	k_S	4
	k_{HHI}	4
	k_Q	4
	k_L	4

Die hohe Anzahl von Unternehmen lassen für das symmetrisches Teiloligopol eine niedrige Konzentration vermuten, wie vom Hirschman-Herfindahl-Index auch angezeigt wird (HHI=940); CR_4=60% weist jedoch auf eine relativ hohe Konzentration hin. Die Schwellenwerte k_A=k_S=k_{HHI}=k_Q=k_L=4 verdeutlichen die teiloligopolistische Struktur des Marktes.

Tab. 26: Konzentrationsmaße für ein Teilmonopol mit niedrigem HHI (Markt D)

Kennzahlen		Werte
Exponentialindex	E	508
Konzentrationsraten	CR_1	30
	CR_4	33
	CR_8	37
Mittlere Dominanzen	L_4^*	18,72
	L_8^*	11,74
Schwellenwerte	k_A	1
	k_S	1
	k_{HHI}	1
	k_Q	1
	k_L	-

Sowohl die Konzentrationsraten (CR_4=33% und CR_8=37%) als auch der Hirschman-Herfindahl-Index (HHI=970) weisen für das Teilmonopol eine niedrige Konzentration aus, bei einem Marktführer mit 30% Marktanteil muß man jedoch eine Wettbewerbsgefährdung annehmen. Der Abstand zum nächstgrößten Unternehmen ist so groß, daß die Schwellenwerte $k_A=k_S=k_{HHI}=k_Q=k_L=1$ betragen. Die Marktanteile der Unternehmen der Restgruppe sind gegenüber dem Marktanteil des Marktführers sehr klein. Die Schwellenwerte $k_A=k_S=k_{HHI}=k_Q=k_L=1$ indizieren eine marktbeherrschende Stellung des Unternehmens mit 30% Marktanteil.

Mäßig konzentrierte Märkte gestatten unter anderem folgende Konstellationen von Marktanteilen:

Tab.27: Mögliche Konstellationen von Marktanteilen auf mäßig konzentrierten Märkten

Markt A sym. Oligopol		Markt B asym. Teiloligopol		Markt C sym.Teiloligopol		Markt D Teilmonopol	
p_i	p_i^2	p_i	p_i^2	p_i	p_i^2	p_i	p_i^2
12,5 %	225	17,5 %	306,25	20 %	400	40 %	1.600
12,5 %	225	17,5 %	306,25	20 %	400		
12,5 %	225	17,5 %	306,25	20 %	400		
12,5 %	225	17,5 %	306,25	20 %	400		
12,5 %	225	10 %	100				
12,5 %	225	8 %	64				
12,5 %	225	7 %	49				
12,5 %	225	5 %	25	20*1 %	20	60*1 %	60
HHI=1.250		HHI=1.463		HHI=1.620		HHI =1.660	

Tab. 28: Konzentrationsmaße für ein symmetrisches Oligopol mit mäßigem HHI (Markt A)

Kennzahlen		Werte
Exponentialindex	E	1.250
Konzentrationsraten	CR_1 CR_4 CR_8	12,5 50 100
Mittlere Dominanzen	L_4^* L_8^*	1 1
Schwellenwerte	k_A k_S k_{HHI} k_Q k_L	- - - - 8

Für das symmetrisches Oligopol könnte man infolge der geringen Zahl von Marktteilnehmern und der hohen Symmetrie wiederum auf eine hohe Konzentration schließen, während der Hirschman-Herfindahl-Index nur eine mäßige Konzentration anzeigt (HHI=1.250). Die Konzentrationsrate CR_8=100%, L_4^*=1 und L_8^*=1 weisen hingegen auf eine sehr hohe Konzentration hin.

Tab. 29: Konzentrationsmaße für ein asymmetrisches Teiloligopol mit mäßigem HHI (Markt B)

Kennzahlen		Werte
Exponentialindex	E	1.250
Konzentrationsraten	CR_1	12,5
	CR_4	50
	CR_8	100
Mittlere Dominanzen	L_4^*	1
	L_8^*	1
Schwellenwerte	k_A	-
	k_S	-
	k_{HHI}	-
	k_Q	-
	k_L	8

Bei dem asymmetrisches Oligopol sprechen die Konzentrationsraten (CR_4=70% und CR_8=100%) und die geringe Anzahl von lediglich acht Marktteilnehmern für eine hohe Konzentration, während der Hirschman-Herfindahl-Index nur auf eine mäßige Konzentration hindeutet (HHI=1.463). Die Schwellenwerte k_A=4, k_S=4, k_{HHI}=4, k_Q=8 und k_L=4 verdeutlichen die teiloligopolistische Struktur des Marktes.

Tab. 30: Konzentrationsmaße für ein symmetrisches Teiloligopol mit mäßigem HHI (Markt C)

Kennzahlen		Werte
Exponentialindex	E	1.250
Konzentrationsraten	CR_1 CR_4 CR_8	12,5 50 100
Mittlere Dominanzen	L_4^* L_8^*	1 1
Schwellenwerte	k_A k_S k_{HHI} k_Q k_L	- - - - 8

Für das symmetrische Teiloligopol weist der Hirschman-Herfindahl-Index weist eine nur mäßige Konzentration aus (HHI=1.620), während die CR_4=80% eine hohe Konzentration anzeigt. Die Schwellenwerte $k_A=k_S=k_{HHI}=k_Q=k_L=4$ verdeutlichen die teiloligopolistische Struktur des Marktes.

Tab. 31: Konzentrationsmaße für ein Teilmonopol mit mäßigem HHI (Markt D)

Kennzahlen		Werte
Exponentialindex	E	437
Konzentrationsraten	CR_1 CR_4 CR_8	40 43 47
Mittlere Dominanzen	L_4^* L_8^*	24,83 15,45
Schwellenwerte	k_A k_S k_{HHI} k_Q k_L	1 1 1 1 -

Für das Teilmonopol weisen dagegen sowohl die Konzentrationsraten (CR_4=43% und CR_8=47%) als auch der Hirschman-Herfindahl-Index nur eine mäßige Konzentration aus (HHI=1.660), bei einem Marktführer mit 40% Marktanteil muß jedoch von einer erheblichen Wettbewerbsgefährdung ausgegangen werden. Der Abstand zum nächstgrößten Unternehmen ist so groß, daß die Schwellenwerte $k_A=k_S=k_{HHI}=k_Q=k_L=1$ betragen. Die Marktanteile der Unternehmen der Restgruppe sind gegenüber dem Marktanteil des Marktführers sehr klein. Die Schwellenwerte $k_A=k_S=k_{HHI}=k_Q=k_L=1$ indizieren eine marktbeherrschende Stellung des Unternehmens mit 40% Marktanteil.

Die obigen Beispiele verdeutlichen, daß der Hirschman-Herfindahl-Index erste Hinweise zur Erfassung einer wettbewerbsgefährdenden Marktstruktur geben kann, aber nicht ausreichend ist. Zur Erfassung wettbewerbsgefährdender Marktstrukturen sollten mehrere Konzentrations- und Dominanzmasse gleichzeitig verwendet werden. Es sollten parallel der Hirschman-Herfindahl-Index HHI, der Exponential-Index E, die Konzentrationsraten CR_1, CR_4, CR_8, der Anstiegsindex D_k^A, die Konzentrationskurvensehnenlänge D_k^S, das Hirschman-Herfindahl-Dominanzmaß D_k^{HHI} das Linda-Dominanzmaß D_k^Q und die mittlere Dominanz L_k verwendet werden. Zur Ermittlung der Ungleichverteilung der Marktanteile der Unternehmen der Kerngruppe sollten zusätzlich die relativen mittleren Dominanzen L_4^* und L_8^* verwendet werden. Zeigen die Konzentrationsmaße eine niedrige Konzentration an und kann von den Dominanzmaßen kein Oligopolkern und kein marktbeherrschendes Unternehmen abgegrenzt werden, sollte ein Zusammenschluß gestattet werden, zeigen die Konzentrationsmaße eine hohe Konzentration an und kann ein Oligopolkern oder ein marktbeherrschendes Unternehmen abgegrenzt werden, sollte Anhand der Faktoren der Abschnitte 2-5 der amerikanischen Fusionsrichtlinien überprüft werden, ob wirksamer Wettbewerb noch möglich ist. Ist wirksamer Wettbewerb noch möglich, sollte der Zusammenschluß gestattet werden.

Die Höhe des HHI-Wertes ist außerdem von der zugrundegelegten Marktabgrenzung abhängig. Es besteht keine Schwierigkeit darin, einen HHI-Wert von über 1.000 Punkten zu "konstruieren", wenn der Markt eng genug abgegrenzt wird. Genauso unproblematisch ist es, zu einem HHI-Wert von unter 1.000 Punkten zu gelangen, wenn der Markt zu breit abgegrenzt wird, was in der Fusionskontrollpraxis von den Anwälten der Unternehmen, die einen Zusammenschluß planen, auch versucht wird. Dies gilt auch für die übrigen Konzentrations- und Dominanzmaße. Die Marktausdehnung kann dabei in sachlicher oder räumlicher Hinsicht erfolgen.[1] Je nachdem, wie breit bzw. wie eng der Markt abgegrenzt wird, sollten die kritischen Schwellenwerte der Konzentrations- und Dominanzmaße unterschiedlich festgesetzt werden. Je weiter der relevante Markt abgegrenzt wird, desto niedriger sollten die kritischen Schwellenwerte für diesen Markt gewählt werden.

Hat der Hirschman-Herfindahl-Index nach einem Unternehmenszusammenschluß einen Schwellenwert überschritten, so kann daraus nicht eindeutig gefolgert werden, daß der Zusammenschluß wettbewerbsgefährdend ist. Durch Konzentrationsmaße gewonnene Aussagen über den Konzentrationsgrad eines Marktes sind wie bereits erwähnt nur so gut wie die zugrundegelegte Marktdefinition. Werden Märkte falsch definiert, so sagen Konzentrationsindizes nichts aus über die Wettbewerbsgefährdung eines Unternehmenszusammenschlusses.[2] Der Diagnosewert von Konzentrationsindizes hängt zudem von der Genauigkeit der Marktanteilsberechnungen ab. Fehlerhafte Marktanteilsmessungen[3] können Aussagen über den Konzentrationsgrad eines Marktes ebenfalls beeinträchtigen; werden die Marktanteile der Marktteilnehmer quadriert zur Berechnung des Konzentrations-

[1] Vgl. Campbell (1982), S.301
[2] Vgl. Rule / Meyer (1990), S.266 f.
[3] Vgl. FTC v. PDG Industries, Inc., 798 F.2d 1.500, 1.503: "HHI's computed are meaningless and do not reflect market reality".

grades wie beim Hirschman-Herfindahl-Index, so wirken sich Fehler bei der Berechnung der Marktanteile von Großunternehmen besonders stark auf die Genauigkeit des Konzentrationsgrades aus.[1]

Der Hirschman-Herfindahl-Index kann zwar erste Hinweise über den Konzentrationsgrad eines Marktes geben; da seine Überlegenheit gegenüber anderen Konzentrationsmaßen jedoch nicht erwiesen ist, kann er nicht als der Weisheit letzter Stein angesehen werden. Die Ermittlung des Konzentrationsgrades nach den amerikanischen Fusionsrichtlinien ist eine willkürliche Methode, da lediglich der Hirschman-Herfindahl-Index berechnet wird. Aufgrund einiger Mängel sollte der Hirschman-Herfindahl-Index nicht als alleiniges Entscheidungskriterium bei der Überprüfung eines Unternehmenszusammenschlusses verwendet werden; die amerikanischen Antitrust-Behörden sollten stattdessen die Priorität des Hirschman-Herfindahl-Index überdenken und mehrere Konzentrations- und Dominanzmaße gleichzeitig bei der Fusionskontrolle berücksichtigten.

Fusionskontrolle darf nicht zu einem Zahlenspiel entarten. Die amerikanischen Antitrustbehörden sollten Unternehmenszusammenschlüsse, die zu einem HHI-Wert knapp unterhalb des kritischen Schwellenwertes und Unternehmenszusammenschlüsse, die zu einem HHI-Wert knapp oberhalb des kritischen Schwellenwertes führen, nicht unterschiedlich behandeln.[2] In diesen Fällen wäre es sinnvoll, wie vorgeschlagen weitere Konzentrations- und Dominanzmaße zur Entscheidungsfindung heranzuziehen. Zeigen alle Konzentrations- und Dominanzmaße eine niedrige Konzentration an, sollte der Zusammenschluß gestattet werden.

1 Vgl. Abschnitt 3.1.4. der vorliegenden Untersuchung

2 Vgl. Baxter (1983), S.626: "The difference between an HHI of 950 and 1050 is slight and the Division will treat it as such."

In der amerikanischen Fusionskontrollpraxis wurde immer mehr Abstand von den Schwellenwerten der Fusionsrichtlinien genommen.[1] Die Federal Trade Commission befürwortete diese Schwellenwerte nie ausdrücklich.[2] In keiner öffentlichen Erklärung der Federal Trade Commission wurde ein numerisches Konzentrationsmaß definiert, das von ihr in ihren Entscheidungen verwendet wurde[3] und in dem Fall American Medical International, Inc., erklärte die Federal Trade Commission sogar, daß sie die numerischen Schwellenwerte und Tests der Fusionsrichtlinien nicht für gut heiße.[4]

Eine Überprüfung der HHI-Werte ergab, daß fast alle der von den amerikanischen Antitrustbehörden aufgegriffenen Zusammenschlüsse zu einem HHI-Wert von mehr als 2.000 Punkten führten[5] oder zu einem durchschnittlichen Zuwachs des Hirschman-Herfindahl-Index von mehr als 250 Punkten.[6]

Marktanteilsdaten können zur Gewinnung von ersten Aussagen über den Konzentrationsgrad eines Marktes herangezogen werden. Marktanteilsdaten sollten jedoch nicht als einziges Entscheidungskriterium für die Genehmigung oder das Verbot eines Unternehmenszusammenschlusses verwendet werden, da sie beispielsweise nichts über die Macht eines Unternehmens, andere Marktteilnehmer vom Markt zu verdrängen oder Markteintrittsbarrieren zu errichten, aussagen.

1 Vgl. Krattenmaker / Pitofsky (1988),S.226

2 Die derzeit gültigen Schwellenwerte wurde vom Department of Justice mit den Fusionsrichtlinien von 1982 eingeführt.

3 Vgl. Zuckerman (1988), S.122

4 Vgl. 104 FTC 200

5 Bei folgenden Fällen führten beispielsweise Unternehmenszusammenschlüsse zu HHI-Werten von deutlich über 2.000 Punkten: FTC v. Pacific Resources, Inc., No. C87-1390C (1987, HHI: 3162), FTC v. PPG Industries, Inc. 798 F.2d, 1503 (1986, HHI: 3295), FTC v. Coca-Cola Co., 641 F. Supp., 1134 (1986, HHI: 2.651), American Medical International, Inc., 104 FTC 201 (1984, HHI: 6025-7775)

6 Vgl. Kolasky (1988), S.849 f.

Wenn also ein Konzentrations- oder Dominanzmaß eine hohe Konzentration anzeigt, sollte anhand weiterer Strukturfaktoren überprüft werden, ob Wettbewerb noch möglich ist. Die Fähigkeit eines Unternehmens mit hohem Marktanteil, Preiserhöhungen durchzusetzen, wird möglicherweise durch Importe oder durch kleine, aggressive Wettbewerber mit schnellen Expansionsmöglichkeiten stark beeinträchtigt; ein Unternehmen, dessen Marktanteil innerhalb von kurzer Zeit von 95% auf 70% abnahm, hat möglicherweise weniger Marktmacht als ein Unternehmen mit einem konstanten Marktanteil von 60%. Ebenso können auf zwei Märkten hohe HHI-Werte aus unterschiedlichen Gründen festgestellt werden, auf dem einen Markt aufgrund großer economies of scale, auf dem anderen Markt aufgrund von hohen Werbebudgets. Der Zusammenschluß von zwei Unternehmen mit einem Marktanteil von jeweils 8% kann keine, mäßige oder erhebliche wettbewerbsgefährdende Effekte verursachen, abhängig von den Eigenschaften des Marktes.

Aufgrund der Grobheit der summarischen Konzentrationsmaße und des Betrages, der in den meisten Fusionsprozessen auf dem Spiel steht, war es unvermeidlich, daß die verklagten Unternehmen mehr und mehr anderes Beweismaterial geltend machten, um ihre Haltung zu untermauern. Während die Fusionsrichtlinien von 1984 versuchten, einen Kriterienkatalog, der hauptsächlich auf Marktanteilsdaten basierte, zu konstruieren, gingen die Gerichte zu Recht dazu über, weitere Faktoren anzuerkennen.[1]

Marktanteilsdaten widerspiegeln also nicht immer treffend die Existenz und die Quellen der Marktmacht von Unternehmen. Will ein Beobachter aus hohen Marktanteils- und Konzentrationsdaten das Vorliegen von Marktmacht folgern, muß er zunächst die Ursachen dieser hohen Marktanteile untersuchen. Trotz einer

[1] Vgl. Clanton (1983), S.434

von einem Konzentrations- oder Dominanzmaß angezeigten hohen Konzentration, kann noch intensiver Wettbewerb herrschen. Seine Entscheidung muß er auf eine detaillierte Untersuchung der Geschäftspraktiken der fusionsbeteiligten Unternehmen und der Marktstrukturmerkmale während eines bestimmten Zeitraums stützen.[1] Die amerikanischen Antitrust-Behörden trugen diesem Rechnung und berücksichtigten die im folgenden erörterten weiteren Faktoren in ihren Fusionsrichtlinien. Zeigen ein oder mehrere Konzentrations- oder Dominanzmaße eine hohe Konzentration an, und ergibt die Analyse der Faktoren der Abschnitte 2-5 der Fusionsrichtlinien, daß trotzdem noch intensiver Wettbewerb möglich ist, sollte ein Unternehmenszusammenschluß gestattet werden. Zeigen ein oder mehrere Konzentraions- und Dominanzmaße eine hohe Konzentration und an, und ergibt die Analyse dieser Faktoren, daß kein Wettbewerb mehr möglich ist, sollte der Zusammenschluß verboten werden.

5.3.3. Die Gründe für den Wechsel von der Konzentrationsrate zum Hirschman-Herfindahl-Index in der amerikanischen Wettbewerbspolitik

In den amerikanischen Fusionsrichtlinien von 1968 wird als Konzentrationsmaß die Konzentrationsrate verwendet, in den Fusionsrichtlinien von 1982, 1984 und 1992 der Hirschman-Herfindahl-Index. Hauptgrund für den Wechsel des Konzentrationsmaßes in der amerikanischen Wettbewerbspolitik im Jahre 1982 war die höhere Gewichtung der Marktanteile von Großunternehmen und die bessere Erfassung der Größenunterschiede der Marktteilnehmer durch den Hirschman-Herfindahl-Index im Vergleich zu den Konzentrationsraten:

"Unlike Concentration ratios, the HHI increases whenever the number of firms in the market declines or the inequality in market shares among any given number of

1 Vgl. Alpert / Kitt (1984), S.258 f.

firms increases. Thus, the size of a permissible acquisition continously declines as the size of the larger of the merging firms increases."[1]

Im Fall Grand Union Co. erklärte die Federal Trade Commission:[2]

"In recent years, antitrust analysts have become more sophisticated about the relevance and measures of concentration, and have come to rely increasingly upon the so-called 'Herfindahl Hirschman Index' ('HHI') as a means preferable to concentration ratios for analyzing market structure. A primary advantage of this index over the more traditional CR_4 is that the HHI reflects both the distribution of market shares of the top four firms and the composition of the market outside the top four firms." We believe in many cases the HHI can serve as a useful tool in interpreting market structure evidence. Therefore, where appropriate in future potential competition cases - as well as in other proper cases under the Clayton and FTC acts - we will consider reliable evidence of HHI values in assessing the likely competitive effects of challenged practices."

Das amerikanische Justizministerium rechtfertigte den Wechsel des Konzentrationsmaßes in seiner Wettbewerbspolitik mit einer empirischen Studie über die Größenverteilung der Unternehmen auf Märkten, die ergab, daß die kritischen HHI-Schwellenwerte von 1.000 und 1.800 Punkten in etwa einer Vier-Firmen-Konzentrationsrate von 50% bis 70% entsprechen. Diese Ergebnisse können leicht widerlegt werden, da zwischen dem Hirschman-Herfindahl-Index und den Konzentrationsraten eine funktionale Beziehung besteht, unabhängig von der Anzahl der k größten Unternehmen eines Marktes.[3]

1 Vgl. Smith (1982), S.760
2 FTC (06.05.1983), Nr.9121
3 Vgl. Weinstock (1984), S.706

So kann ein bestimmter Wert des Hirschman-Herfindahl-Index nicht in einen bestimmten Wert der Vier-Firmen-Konzentrationsrate umgerechnet werden, sondern für einen gegebenen HHI-Wert kann die Vier-Firmen-Konzentrationsrate erheblich voneinander abweichende Werte annehmen.

Ein Hirschman-Herfindahl-Index kann nicht in einzelne Konzentrationsraten umgewandelt werden; jeder Hirschman-Herfindahl-Index entspricht einer Reihe von Konzentrationsraten. Die den HHI-Werten in den Fusionsrichtlinien entsprechenden CR_4 -Werte sind offenbar Annäherungen an die arithmetischen Mittel für die kleinsten und größten CR_4-Werte jedes HHI-Wertes. Obwohl die in den Fusionsrichtlinien enthaltenen CR_4-Werte innerhalb von bestimmten HHI-Intervallen liegen, sind sie irreführend, weil in den Fusionsrichtlinien nicht darauf hingewiesen wird, daß Märkte mit erheblich niedrigeren und höheren CR_4-Werten dieselben HHI-Werte aufweisen.[1]

Allgemein kann man das Minimum einer Konzentrationsrate der k größten Unternehmen eines Marktes für einen gegebenen HHI-Wert berechnen mit:

$$(5.2) \qquad CR_k^{min} = \sqrt{HHI}$$

$\sqrt{HHI}$ gibt den Marktanteil des Unternehmens mit dem größtmöglichen Marktanteil eines Unternehmens bei gegebenem HHI an. Sind die Marktanteile der übrigen Unternehmen minimal, ist $\sqrt{HHI}$ somit das Minimum einer Konzentrationsrate.

1 Vgl. Weinstock (1984), S.707

Das Maximum einer Konzentrationsrate für einen gegebenen HHI-Wert kann man ermitteln mit:

(5.3) $CR_k^{max} = \sqrt{k * HHI}$

$\sqrt{k * HHI}$ gibt den maximalen Marktanteil der k größten Unternehmen an, wenn diese Unternehmen gleichgroß sind, und der Marktanteil der übrigen Unternehmen minimal ist.

Dabei muß jedoch unterstellt werden, daß die übrigen Marktanteile $\left(100-\sum_{i=0}^{k} p_i\right)$ auf eine Anzahl von gleichgroßen Unternehmen verteilt sind.

Für HHI=1.000 kann die Vier-Firmen-Konzentrationsrate zwischen 31,62% und 63,25% schwanken, da

$$CR_4^{min} = \sqrt{1.000} \approx 31,62\%$$

und $CR_4^{max} = \sqrt{4 * 1000} \approx 63,25\%$

Für HHI=1.800 kann die Vier-Firmen-Konzentrationsrate sogar zwischen 42,43% und 84,85% schwanken, da

$$CR_4^{min} = \sqrt{1.800} \approx 42,43\%$$

und $CR_4^{max} = \sqrt{4 * 1.800} \approx 84,85\%$

Die Fusionsrichtlinien von 1968 verwendeten eine Vier-Firmen-Konzentrationsrate von 75% als Schwellenwert zwischen hoch konzentrierten und weniger hoch konzentrierten Märkten. Ein Markt mit einer Vier-Firmen-Konzentrationsrate von 75% kann einen HHI-Wert von über 1.800 aufweisen, wenn das größte Unternehmen einen deutlich größeren Marktanteil als das zweitgrößte Unternehmen und das zweitgrößte Unternehmen einen deutlich größeren Marktanteil als das drittgrößte Unternehmen hat. Sind die Marktanteile der vier größten Unternehmen jedoch ungefähr gleich groß ist der HHI-Wert kleiner als 1.800.[1]

Tab.32: HHI-Werte für verschiedene Marktstrukturen bei gegebener CR_4 von 75%

p_i	p_i^2	p_i	p_i^2
35%	1.225	18,75%	352
20%	400	18,75%	352
15%	225	18,75%	352
5%	25	18,75%	352
6*4%	96	5*5%	125
1%	1		
HHI=1.972		HHI=1.533	

Quelle: Fox, Eleonor M.: The new merger guidelines - a blueprint for microeconomic analysis, in: Antitrust Bulletin, vol.27 (1982), S.558

Ein weiterer Grund für die Verwendung des Hirschman-Herfindahl-Index an Stelle der Vier-Firmen-Konzentrationsrate ist die beabsichtigte Schaffung einer Sicherheitszone für Unternehmenszusammenschlüsse, deren HHI-Wert unter 1.000 Punkten liegt. Der Leiter der Antitrust-Abteilung des amerikanischen Justizministeriums, William F. Baxter, sprach in diesem Zusammenhang auch von einem "Sicherheitshafen".[2]

1 Vgl. Fox (1982), S.558
2 Vgl. Baxter (1982), S.291

Das amerikanische Justizministerium war der Ansicht, daß der Hirschman-Herfindahl-Index für die Etablierung einer Sicherheitszone geeignet wäre, während die Verwendung von Konzentrationsraten wegen der Nicht-Berücksichtigung der Streuung der Marktanteile der Großunternehmen für die Einrichtung von Sicherheitszonen mit niedriger Konzentration für Unternehmenszusammenschlüsse ungeeignet seien. Wie die nachfolgenden Ausführungen zeigen werden, ist sowohl die Verwendung Hirschman-Herfindahl-Index als auch die Verwendung der Konzentrationsrate für diesen Zweck problematisch.

Richard A. Posner war schon 1969 der Ansicht, daß die Verwendung der Konzentrationsraten für die Schaffung einer Sicherheitszone fragwürdig ist.[1] Bei einer Vier-Firmen-Konzentrationsrate von 50% wäre beispielsweise der Zusammenschluß zweier Unternehmen mit insgesamt 45% Marktanteil erlaubt, was aus wettbewerbspolitischer Sicht nicht akzeptabel ist.

Legt man der Etablierung einer Sicherheitszone einen hohen Konzentrationsgrad zugrunde, käme es zu dem unerwünschten Effekt der Erlaubnis von Zusammenschlüssen von Unternehmen mit hohen Marktanteilen. Wenige Experten würden beispielsweise eine Marktkonzentration als kritisch beurteilen, so lange die Vier-Firmen-Konzentrationsrate nicht mehr als 45% beträgt, wenige Experten wären jedoch auch der Ansicht, daß der Zusammenschluß zweier Unternehmen mit insgesamt 45% Marktanteil keine wettbewerbsgefährdende Auswirkungen hätte. Somit ist die Verwendung von Konzentrationsraten für die Einrichtung von Sicherheitszonen wettbewerbspolitisch bedenklich.[2]

1 Vgl. Posner (1969), S.1602 f.
2 Vgl. Calkins (1983), S.420

Das amerikanische Justizministerium argumentierte, daß der Vorteil von Unternehmenszusammenschlüssen in ihrem effizienzsteigernden Potential liege, und deswegen gegen Zusammenschlüsse meistens keine Einwände zu erheben seien.

Entsprechend den Fusionsrichtlinien werden Unternehmenszusammenschlüsse mit einem Marktanteil von insgesamt 14% oder weniger nicht aufgegriffen, da die Zunahme des Hirschman-Herfindahl-Index weniger als 50 Punkte beträgt. Eine Studie von 12 größeren amerikanischen Industriebranchen ergab jedoch, daß nur in einer Branche ein nationaler Marktanteil von mehr als 14% zur Erzielung von economies of scale erforderlich sei.[1]

In nicht konzentrierten Märkten erlauben die Fusionsrichtlinien Zusammenschlüsse von Unternehmen mit großen Marktanteilen - so sind Zusammenschlüsse von Unternehmen mit Marktanteilen von insgesamt bis zu ca. 31% innerhalb der Sicherheitszone erlaubt, ohne mit dem Schwellenwert von HHI=1.000 in Konflikt zu geraten. Es muß aber damit gerechnet werden, daß von derartigen Unternehmenszusammenschlüssen wettbewerbsgefährdende Wirkungen ausgehen. Außerdem ist es gerade in niedrig konzentrierten Märkten nicht notwendig, daß Unternehmen durch Fusionen ihre Marktanteile vergrößern, um Effizienzgewinne zu erzielen.[2] Die Einrichtung einer Sicherheitszone durch den Hirschman-Herfindahl-Index ist daher ebenso wettbewerbspolitisch bedenklich wie die Errichtung einer Sicherheitszone durch die Konzentrationsrate. Liegt der Hirschman-Herfindahl-Index unter 1.000 Punkte, sollten zusätzlich Dominanzmaße verwendet werden, um die Stärke des Abstandes zwischen dem marktbeherrschenden Unternehmen und den restlichen Unternehmen zu ermitteln. Besteht beispielsweise ein Markt aus einem Marktführer mit einem Marktanteil von 30% und 70 Unternehmen mit

[1] Vgl. Scherer (1980), S.274

[2] Vgl. Turner (1982), S.311

einem Marktanteil von 1%, ist der Abstand zwischen dem Marktführer und den übrigen Unternehmen so groß, daß man als Abschneidegrenzen der vorgeschlagenen Dominanzmaße $k_A=k_S=k_{HHI}=k_Q=1$ erhält. Das Entstehen eines solchen Teilmonopols hätte also durch Verwendung von Dominanzmaßen verhindert werden können.

Weitere Gründe für den Wechsel des verwendeten Konzentrationsrate in der amerikanischen Wettbewerbspolitk sind die Nicht-Berücksichtigung der Marktanteile des fünftgrößten und aller weiteren Unternehmen durch die Vier-Firmen-Konzentrationsrate und die mögliche Erfassung der Auswirkung von Unternehmenszusammenschlüssen durch den Hirschman-Herfindahl-Index im Unterschied zu den Konzentrationsraten.[1]

Schließlich kommt in der Bevorzugung des Hirschman-Herfindahl-Index ab 1982 eine veränderte Einstellung des amerikanischen Justizministeriums gegenüber der Konzentration zum Ausdruck: Primärziel ist jetzt die Erfassung von teilmonopolistischen Strukturen und weniger die Erfassung von engen Oligopolen und Teiloligopolen. Der Wechsel des Konzentrationsmaßes ist also auch eine Konsequenz davon, daß der Hirschman-Herfindahl-Index besser zur Erfassung von Teilmonopolen geeignet ist und die Konzentrationsraten besser zur Erfassung von engen Oligopolen und Teiloligopolen geeignet sind.

Die Vertreter der sogenannten Chicago-School, deren Anschauungen sich mit den Fusionsrichtlinien von 1982 in der amerikanischen Fusionskontrollpolitik durchsetzten, sahen in einem oligopolistisch strukturierten Markt kein wettbewerbsgefährdendes Anzeichen:[2]

1 Vgl. Baxter (1983), S.625 f.
2 Vgl. Brozen (1977), S.854

"History and the data demonstrate that concentration and collusion, either tacit or explicit are not synonymous. Mutually recognized interdependence, the hallmark of oligopoly by one definition, does not characterize concentrated industries any more than the unconcentrated. Neither is it a sufficient condition to produce tacit or express collusion in either concentrated or unconcentrated industries. High concentration is no more synonymous with oligopoly, by this definition, than in any lower level of concentration.

Darüber hinaus wird von den Vertretern der Chicago-School Konzentration nicht als hinreichende Bedingung für Verhaltenskoordinierung betrachtet und insofern Oligopole nicht als wettbewerbsgefährdend angesehen:[1]

"The impermissible analytical leap (which proponents of the interdependence theory of oligopoly often make) is from the proposition that concentration is probably a necessary condition of clandestine collusion to the proposition that it is a sufficient condition. There is nothing in the theory of cartels to suggest that if there are just a few major sellers in a market, competition will automatically disappear."

Steigende Konzentration durch Oligopolbildung wurde sogar als Ergebnis von wettbewerblichem Verhalten und steigenden economies of scale angesehen.[2]

5.3.4. Die Marktführerklausel

Nach den Fusionsrichtlinien von 1982 ging das amerikanische Justizministerium wahrscheinlich gegen die Übernahme eines kleineren Unternehmens mit

1 Vgl. Posner (1976), S.54
2 Vgl. Horowitz, A. / Horowitz, I. (1965), S.129

mindestens 1% Marktanteil durch ein Großunternehmen mit mindestens 35% Marktanteil vor.[1]

Das Justizministerium war der Ansicht, daß, wenn ein einzelnes Unternehmen einen Marktanteil von weniger als 35% erreichen würde, der Erwerb eines Kleinunternehmens nur eine unbedeutende Erhöhung der Marktmacht dieses Unternehmens bewirken würde. Außerdem argumentierte das Ministerium, daß eine Begrenzung des Wachstums durch das Verbot von Unternehmenszusammenschlüssen mit einem Marktanteil von weniger als 35% zu Lasten von möglichen Effizienzsteigerungen auf diesen Märkten gehen würde; bei Erlaubnis von Unternehmenszusammenschlüssen mit einem Marktanteil von mehr als 35% die Gefahr der Ausdehnung der Marktmacht des Marktführers im Vergleich zu einem Verzicht durch potentielle Effizienzsteigerungen durch das Verbot von solchen Zusammenschlüssen hingegen das größere Übel sei.

Die Wahl einer 35%-Schwelle für die Marktführerklausel muß als willkürlich betrachtet werden: bereits ein geringerer Marktanteil als 35% kann zu einer Verstärkung der Marktmacht des Großunternehmens führen.

Beispiel:
Ein Großunternehmen mit 34% Marktanteil erwirbt ein Kleinunternehmen mit 1% Marktanteil, die restlichen Marktteilnehmer bestehen aus weiteren Kleinunternehmen mit Marktanteilen von ebenfalls 1%.

Dieser Zusammenschluß fiel weder unter die Marktführerklausel, da der Marktanteil des Marktführers weniger als 35% beträgt, noch unter die allgemeinen Maßstäbe durch die Schwellenwerte des Hirschman-Herfindahl-Index, obwohl

[1] Vgl. Fusionsrichtlinien 1984, Abschnitt 3.12.

eine wettbewerbsgefährdende Zunahme der Marktmacht eines Großunternehmens vorliegt:

$$HHI = 35^2 + 65 * 1^2 = 1.290$$

und $\Delta HHI = 2 * 34 * 1 = 68$

Somit konnten entsprechend den Fusionsrichtlinien von 1982 u. 1984 Unternehmenszusammenschlüsse mit einem Marktanteil bis zu 35% gebildet werden, ohne von den HHI-Schwellenwerten und der Marktführerklausel erfaßt zu werden, obwohl es zu einer erheblichen Wettbewerbsgefährdung durch die Marktmacht des neu gebildeten Unternehmens kommen kann.

Die Abschaffung der Marktführerklausel in den Fusionsrichtlinien von 1992 kann als Ausdruck der zunehmend nachsichtigeren Haltung der amerikanischen Antitrust-Behörden gegenüber Unternehmenszusammenschlüssen angesehen werden.

Durch die Abschaffung der Marktführerklausel würde auf mäßig konzentrierten Märkten sogar ein Zusammenschluß zwischen einem Marktführer mit 40% Marktanteil und einem Kleinunternehmen mit einem Marktanteil von 1% wahrscheinlich nicht aufgegriffen werden, denn - bei Unterstellung, daß der Restmarkt sich aus gleichgroßen Unternehmen mit jeweils 1% Marktanteil zusammensetzt - erhält man:

$$HHI = 41^2 + 59 * 1^2 = 1.720$$

und $\Delta HHI = 2 * 40 * 1 = 80$

Analog würde auf niedrig konzentrierten Märkten ein Zusammenschluß zwischen einem Marktführer mit 29% Marktanteil und einem Kleinunternehmen mit einem Marktanteil von 1% nicht aufgegriffen werden, denn - bei Unterstellung, daß der Restmarkt sich aus gleichgroßen Unternehmen mit jeweils 1% Marktanteil zusammensetzt - erhält man:

$$HHI = 30^2 + 70 * 1^2 = 970$$

und $\Delta HHI = 2 * 29 * 1 = 58$

Bei der Beurteilung der Wettbewerbsfähigkeit eines Marktes kommt es jedoch nicht nur auf den Marktanteil des Marktführers, sondern auch auf die Marktanteile der restlichen Unternehmen sowie auf den Abstand zwischen dem Marktanteil des Marktführers und den Marktanteil der restlichen Unternehmen an. Bei Verwendung der vorgeschlagenen Dominanzmaße ist auf beiden Märkten der Abstand des Marktführers zu den übrigen Unternehmen so groß, daß man $k_A = k_S = k_{HHI} = k_Q = 1$ erhält. Die Zusammenschlüsse wären also bei Verwendung von Dominanzmaßen überprüft worden; es hätte verhindert werden können, daß der Marktführer ungehindert ein Kleinunternehmen erwirbt.

Der Erwerb eines kleinen Unternehmens durch einen Marktführer beeinflußt den Konzentrationsgrad eines Marktes nur leicht (der Wert des Hirschman-Herfindahl-Index erhöht sich nur geringfügig), ist aus wettbewerbspolitischer Sicht jedoch besorgniserregend.

Reagiert ein kleines Unternehmen auf eine Preiserhöhung des Marktführers mit einer Produktionssteigerung, so schlägt sich dieser Vorgang nicht angemessen in dem Marktanteil des kleinen Unternehmens nieder. Der Marktführer kann somit den Preis erhöhen, ohne Absatzeinbußen befürchten zu müssen.

Selbst wenn ein Zusammenschluß zwischen einem Marktführer und einem kleineren Wettbewerber die Wahrscheinlichkeit der Absprache von Unternehmen auf dem relevanten Markt nur unbedeutend erhöhen würde, könnte der Zusammenschluß durch die Ausschaltung eines bedrängten Konkurrenten die Fähigkeit des Marktführers, seine Marktmacht einseitig auszudehnen, erhöhen.

Die Abschaffung der Marktführerklausel durch die Fusionsrichtlinien von 1992 erleichtert die Möglichkeit von Großunternehmen ihre Marktmacht auszudehnen. Von einem Marktführer kann eine erhebliche Wettbewerbsgefährdung ausgehen: Nach einer empirischen Untersuchung von Kwoka, können die Grenzkostenpreise um 4% steigen, wenn ein Marktführer einen Marktanteil von mindestens 26% einnimmt.[1]

Die Fusionsrichtlinien sollten also nicht durch die Wiedereinführung der Marktführerklausel präzisiert werden, sondern durch die parallele Verwendung von Konzentrations- und Dominanzmaßen. Durch die Verwendung der Dominanzmasse kann der Erwerb von Kleinunternehmen durch ein Großunternehmen verhindert werden.

5.3.5. Die Behandlung des Auslandswettbewerbs

Ausländischen Unternehmen werden Marktanteile in gleicher Weise zugeordnet wie inländischen Unternehmen.[2]

Wenn die Liefermengen eines bestimmten Landes in die Vereinigten Staaten Kontingentierungen unterliegen, überschreiten die dem ausländischen Wettbewer-

1 Vgl. Kwoka (1979), S.101

2 Vgl. Department of Justice and Federal Trade Commission (1992), Abschnitt 1.43

ber zugeordneten Marktanteile nicht die Menge, die im Rahmen des Kontingents in die Vereinigten Staaten geliefert werden darf.

Werden die Importe durch einen bestimmten Prozentsatz des Gesamtwertes der in den Vereinigten Staaten verkauften Produkte beschränkt, würde eine inländische Preiserhöhung, die den Inlandsverbrauch senkte, auch die Summe der Importe in die Vereinigten Staaten senken. Dementsprechend werden die aktuellen Import- und Kapazitätszahlen zur Berechnung der Marktanteile gesenkt.

Einem Land oder einer Gruppe von Ländern kann auch ein einziger Marktanteil zugeordnet werden, wenn die Unternehmen in diesem Land oder in dieser Ländergruppe abgestimmt handeln.

Die ausdrückliche Berücksichtigung des Auslandswettbewerbs in den Fusionsrichtlinien von 1982 ist ein wesentlicher Fortschritt im Vergleich zu den Fusionsrichtlinien von 1968. Infolge der starken Aktivitäten ausländischer Unternehmen auf dem amerikanischen Markt ist amerikanischen Unternehmen oftmals eine Absprache nicht möglich, da beispielsweise jeder Versuch einer Preisabsprache zu erhöhten Importen führen würde.

In einem wichtigen Punkt wird Auslandswettbewerb jedoch nicht wie Inlandswettbewerb behandelt. Die allgemeine Regel für inländische Unternehmen besagt, daß, wenn ein Unternehmen entsprechend dem Verfahren für Marktabgrenzung einem Markt zugeordnet wird, seine gesamten Umsätze oder Kapazitäten bei der Marktanteilsberechnung berücksichtigt werden. In ihrer Fusionskontrollpolitik berücksichtigten die amerikanischen Antitrust-Behörden jedoch nicht die gesamten Umsätze bzw. Kapazitäten der ausländischen Unternehmen, sondern nur die Umsätze, die in den Vereinigten Staaten getätigt wurden bzw. nur die

Kapazitäten, die in den Vereinigten Staaten oder auf dem untersuchten Teilmarkt der Vereinigten Staaten eingesetzt wurden. Betrachtet man beispielsweise japanische Stahl- oder Automobilunternehmer, so erkennt man, daß diese Unternehmen zwar riesige Umsätze in den Vereinigten Staaten erzielen, aber diese Umsätze nur ein Bruchteil dessen darstellen, was sie insgesamt absetzen.[1]

Die Bedeutung der Berücksichtigung des Auslandswettbewerbes soll folgendes Beispiel aus der amerikanischen Fusionskontrollpolitik verdeutlichen:[2]

Tab. 33: Marktanteile amerikanischer PKW-Produzenten (1982, Gesamtmarkt)

Hersteller	Einheiten (in Tsd.)	Marktanteil	HHI
General Motors	1.251	27,4	750,76
Ford	793	17,4	302,76
Chrysler	622	13,6	184,96
AMC/Renault	136	3,0	9,00
Toyota	480	10,5	110,25
Nissan	452	9,9	98,01
Honda	352	7,7	59,29
Mazda	151	3,4	11,56
VW	151	3,3	10,89
Subaru	139	3,0	9,00
Isuzu	15	0,3	0,09
Fiat	15	0,3	0,09
Gesamt	4.563	100,0	1.546,66

Quelle: FTC (1984), S.329

1 Vgl. Baker (1984), S.330
2 Vgl. Kwoka (1990), S. 46 ff.

Betrachtet man den Gesamtmarkt, ergibt sich eine Vier-Firmen-Konzentrationsrate von 69% und ein HHI-Wert von ca. 1547 Punkten.

Beschränkt man die Betrachtung auf den inländischen Markt, ergibt sich ein HHI-Wert von ca. 3309 Punkten. Multipliziert man diesen Wert mit dem Marktanteil der inländischen Hersteller, ergibt sich ein Konzentrationsgrad von ca. 2032 Punkten, der deutlich über dem kritischen Schwellenwert der Fusionsrichtlinien von 1.800 Punkten liegt. Die Nicht-Berücksichtigung der Marktanteile ausländischer Wettbewerber führt damit zu einer fehlerhaften Beurteilung der Wettbewerbsstruktur eines Marktes, falls man mechanistisch mit Marktanteilen inländischer Wettbewerber arbeitet.

Tab.34: Marktanteile amerikanischer PKW-Produzenten
(1982, inländ. Markt)

Hersteller	Einheiten (in Tsd.)	Marktanteil	HHI
General Motors	1.251	44,6	1.991,4
Ford	793	28,3	803,09
Chrysler	622	22,1	490,62
AMC/Renault	136	4,9	23,87
Inland	2.803	100,00	3.309,0

5.4. Die Auswirkungen von Unternehmenszusammenschlüssen auf den Wettbewerb

In den Fusionsrichtlinien von 1982 und 1984 wurde bei der Überprüfung der Rechtmäßigkeit eines Unternehmenszusammenschlusses zum ersten Mal zusätzliche, qualitative Faktoren berücksichtigt; die Entscheidung beruhte also nicht mehr lediglich auf Marktanteilen. Die Fusionsrichtlinien enthielten jedoch keine

Diskussion der Auswirkungen von Unternehmenszusammenschlüssen auf den Wettbewerb, sondern lediglich eine Liste von Faktoren als positive oder negative Hinweise auf die Wettbewerbsfähigkeit eines Marktes. Die fusionsbeteiligten Unternehmen zählten häufig lediglich diejenigen Faktoren auf, die für oder gegen den Zusammenschluß sprachen, und forderten die Genehmigung des Zusammenschlusses, weil die positiven Faktoren im Vergleich zu den negativen überwogen.

Die neuen Fusionsrichtlinien versuchen dagegen zu analysieren, ob ein Zusammenschluß den Wettbewerb beeinträchtigt, indem er die Verhaltensabstimmung der übrigen Unternehmen begünstigt.[1] Durch stillschweigende oder ausdrückliche Übereinkunft können Unternehmen Strategien verfolgen, die für die Konsumenten schädlich sind und die für jedes Unternehmen rentabel sind als Resultat der angepaßten Reaktionen von anderen Unternehmen. Verhaltensabstimmung kann beispielsweise eine Entscheidung zur Folge haben, sich einer vom Marktführer ausgehenden ungerechtfertigten Preiserhöhung anzuschließen, statt den gegenwärtigen Preis aufrechtzuerhalten und für einen erhöhten Marktanteil zu kämpfen.[2]

Bei der Analyse, ob eine Unternehmenszusammenschluß die Verhaltensabstimmung fördert, gehen die Fusionsrichtlinien nach einem dreistufigen Verfahren vor. Erstens fragen die Fusionsrichtlinien, ob Unternehmen Grundlagen für eine gewinnbringende Verhaltensabstimmung finden können, zweitens, ob sie fähig sind, Abweichungen davon zu entdecken, und drittens, ob sie solche Abweichungen bestrafen können. Dabei werden auch Faktoren wie Produkthomogenität, Informationsverbreitungspraktiken in der Industrie, Verfügbarkeit von Preisinformationen etc. berücksichtigt.

1 Vgl. Department of Justice and Federal Trade Commission (1992), Abschnitt 2.1

2 Vgl. Arquit (1992), S.131 f.

Ein Unternehmenszusammenschluß kann die Wettbewerbsfähigkeit eines Marktes auch beeinträchtigen, wenn er die Wahrscheinlichkeit der Verhaltensabstimmung nicht erhöht, denn für die fusionierenden Unternehmen kann es rentabel sein, einseitig den Preis zu erhöhen und die Produktion zu senken.[1]

Auf Märkten, auf denen die Produkte so differenziert sind, daß keine Substitutionsmöglichkeiten für ein Produkt bestehen, können die Verkaufsverluste aufgrund der Preiserhöhung durch Verlagerung der Nachfrage auf den Fusionspartner ausgeglichen werden, so daß die Preiserhöhung rentabel sein kann, selbst wenn sie vor dem Zusammenschluß nicht rentabel war.[2]

Sind die Produkte homogen, unterscheiden sich die Unternehmen eines Marktes durch ihre Kapazitäten und bestimmen diese Kapazitäten ihre Wettbewerbsfähigkeit, kann es für ein fusionierendes Unternehmen rentabel sein, einseitig den Preis zu erhöhen und die Produktion zu senken. Entsteht durch ein Zusammenschluß ein Unternehmen mit einem Marktanteil von 35%, produzieren die Wettbewerber bereits an der Kapazitätsgrenze, und ist eine Ausweitung ihrer Kapazitäten problematisch, kann es für die fusionierenden Unternehmen rentabel sein, einseitig den Preis zu erhöhen und die Produktion zu senken, da die verlorenen Einnahmen aufgrund der Produktionssenkung durch die Preiserhöhung für die verbleibende Produktion ausgeglichen werden können.[3]

Zeigt ein Konzentrations- oder Dominanzmaß eine hohe Konzentration an, und begünstigt ein Unternehmenszusammenschluß abgestimmtes Verhalte, sollte der Zusammenschluß verboten werden.

1 Vgl. Department of Justice and Federal Trade Commission (1992), Abschnitt 2.2
2 Vgl. ebd., Abschnitt 2.21
3 Vgl. ebd., Abschnitt 2.22

5.5. Die Klausel der Markteintrittsbarrieren

In den Fusionsrichtlinien von 1992 wird mit einem dreistufigen Test untersucht, ob Markteintritte wettbewerbsgefährdende Auswirkungen eines Unternehmenszusammenschlusses abschrecken würden, oder diesen Auswirkungen entgegentreten würden. Dabei werden alle Phasen des Markteintritts betrachtetet: Planung, Entwicklung und Management, Lizensierung, Zulassung und andere Genehmigungen; Einrichten, Testen und Betreiben von Produktionsanlagen; Verkaufsförderung (einschließlich notwendiger Einführungsrabatte), Marketing, Vertrieb und Erfüllung von Verbrauchertests und Qualitätserfordernissen.

Im Rahmen der Markteintrittsanalyse unterscheiden die Fusionsrichtlinien zwischen "gebundenem" und "nicht-gebundenem Markteintritt".

Bei "nicht-gebundenem" Markteintritt reagieren Unternehmen auf eine kurzfristige Gewinnerzielungsmöglichkeit durch Produktionsverlagerung in den relevanten Markt - selbst wenn diese Gewinnerzielungsmöglichkeit voraussichtlich kurz nach dem Markteintritt nicht mehr gegeben ist - da diesen Unternehmen nur geringe Kosten bei Markteintritt und Marktaustritt entstehen.[1]

Im Gegensatz dazu handelt es sich bei "gebundenem" Marktzutritt um Unternehmen, die langfristige Gewinnerzielungsmöglichkeiten beabsichtigen. Ihre Marktzutrittskosten können innerhalb eines Jahres nach ihrer Reaktion auf eine kleine, jedoch signifikante und nicht nur vorübergehende Preiserhöhung gedeckt werden.[2] Bei der Prüfung von Unternehmenszusammenschlüssen werden entspre-

1 Vgl. Ordover / Baker (1992), S.139

2 Vgl. Department of Justice and Federal Trade Commission (1992), Abschnitt 1.32

chend den Fusionsrichtlinien von 1992 nur "gebundene" Marktzutritte berücksichtigt.

Zeigt ein Konzentrations- oder Dominanzmaß eine hohe Konzentration an, wird die Verhaltensabstmmung durch einen Unternehmenszusammneschluß nicht gefördert, und ist aufgrund geringer Markteintrittsbarrieren Wettbewerb noch möglich, sollte der Zusammenschluß gestattet werden. Zeigt ein Konzentrations- und Dominanzmaß eine hohe Konzentration an, wird die Verhaltensabstimmung begünstigt oder ist aufgrund hoher Markteintrittsbarrieren kein Wettbewerb mehr möglich, sollte der Zusammenschluß verboten werden.

5.6. Die Effizienzsteigerungsklausel

5.6.1. Kritische Darstellung der Effizienzsteigerungsklausel

Während entsprechend den Fusionsrichtlinien von 1982 Effizienzsteigerungen nur in außergewöhnlichen Fällen als Rechtfertigungsgrund für Unternehmenszusammenschlüsse, die sonst die Richtlinien verletzen würden, herangezogen werden konnte, wurde in den Fusionsrichtlinien von 1984 die Effizienzsteigerung als zusätzlicher Faktor bei der Überprüfung der Rechtmäßigkeit eines Unternehmenszusammenschlusses eingeführt.

In den Fusionsrichtlinien von 1992 wurde die in den Fusionsrichtlinien von 1984 enthaltene Forderung, daß die fusionsbeteiligten Unternehmen eindeutige und stichhaltige Beweise dafür vorliegen müssen, daß der Zusammenschluß Effizienzsteigerungen bewirkt, nicht mehr berücksichtigt. Die neuen Regelungen enthalten auch keine Bestimmung, daß auf Effizienzsteigerungen zurückzuführende Kosteneinsparungen an die Verbraucher weitergegeben werden müssen. Stattdessen wird lediglich gefordert, daß die erwarteten Nettoeffizienzgewinne um so größer sein müssen, je größer die von einem Unternehmenszusammenschluß ausgehende Wettbewerbsgefährdung ist.[12]

Einige Unternehmenszusammenschlüsse, die die Antitrust-Behörden sonst vielleicht aufgreifen würden, können bei vernünftiger Betrachtungsweise notwendig sein, um signifikante Nettoeffizienzgewinne zu erzielen.[3]

Folgender ökonomischer Ansatz kann in dieser Klausel erkannt werden:[4]

Steigert ein Zusammenschluß die Leistungsfähigkeit der beteiligten Unternehmen und kommt es zu keiner Verstärkung der Marktmacht, sollte er erlaubt werden. Erhöht ein Zusammenschluß sowohl die Leistungsfähigkeit der beteiligten Unternehmen als auch ihre Marktmacht, sollte er dann erlaubt werden, wenn die sozialen Gewinne infolge der Leistungssteigerung die Wohlfahrtsverluste durch die größere Marktmacht übersteigen.[5]

Die Messung der Kosteneinsparungen durch Unternehmenszusammenschlüsse wurde in den Fusionsrichtlinien nicht geregelt. Es wurde von den amerikanischen Antitrust-Behörden in den Fusionsrichtlinien auch nicht geklärt, ob Kosteneinsparungen von Fall zu Fall beurteilt werden sollten, oder ob wahrscheinliche Kosteneinsparungen im Durchschnitt lediglich zur Festlegung von allgemeinen gesetzlichen Schwellenwerten verwendet werden sollten.

1 Vgl. Department of Justice and Federal Trade Commission (1992), Abschnitt 4

2 Vgl. Sohn (1992), S.160

3 Vgl. Department of Justice and Federal Trade Commission (1992), Abschnitt 4

4 Vgl. Mueller (1986), S.537

5 Vgl. Williamson (1968), S.27 f.

Ein Kriterium zur Bewertung der Notwendigkeit eines Unternehmenszusammenschlusses, um bei vernünftiger Betrachtungsweise signifikante Nettoeffizienzgewinne zu erzielen, ist in den amerikanischen Fusionsrichtlinien nicht vorhanden. Denkbar wäre ein Vergleich mit dem status quo vor Durchführung des Zusammenschlusses oder ein Vergleich mit einer hypothetischen Alternative wie Lizenzvergabe, alternativen Fusionspartnern oder einem Joint Venture.[1] Ist ein Zusammenschluß nach vernünftiger Betrachtungsweise notwendig, um erhebliche Nettoeffizienzgewinne zu erzielen, sagen die Fusionsrichtlinien nichts darüber aus, wie Kosteneinsparungen und Monopolpreiserhöhungen gegenüber abgewogen werden sollten.

Einige Zusammenschlüsse, die entsprechend den Fusionsrichtlinien unzulässig sind, haben effizienzsteigernde Auswirkungen, obwohl mit steigenden Schwellenwerten wahrscheinlich gegen weniger derartiger Zusammenschlüsse vorgegangen wird. Darin besteht eine der Hauptschwächen der Fusionsrichtlinien: die Aufgreifsschwellenwerte können herauf- oder herabgesetzt werden, je nachdem wie über die Handhabung der Effizienzsteigerungsklausel entschieden wird. Anders ausgedrückt: Gegen bestimmte Unternehmenszusammenschlüsse könnte man schon bei Überschreiten niedriger Schwellenwerte vorgehen, wenn das Risiko, Zusammenschlüsse zu verhindern, die eine Realisierung von economies of scale oder anderer Kosteneinsparungen bewirken, gering wäre. Doch je niedriger die Schwellenwerte festgelegt werden, desto größer ist die Wahrscheinlichkeit, daß solche Auswirkungen auftreten so lange nicht eine spezifische Effizienzsteigerungsklausel greift wenn Effizienzgewinne absehbar sind.[2]

1 Vgl. Salop (1987), S.11
2 Vgl. Kauper (1983), S.520

Die Effizienzsteigerungsklausel sollte präziser, detaillierter und quantitativer abgefaßt werden. Wird beispielsweise behauptet, daß durch ein Unternehmenszusammenschluß der Technologietransfer zu den übernommenen Betriebsanlagen erleichtert wird, sollte nachgewiesen werden, daß die Produktivität der Betriebsanlagen des übernehmenden Unternehmens höher ist als der Betriebsanlagen des übernommenen Unternehmens, oder daß bei früheren Erwerbungen das erwerbende Unternehmen die Produktivität um x Prozent gesteigert hat.[1]

Effizienzsteigerungen sollten einzig durch den überprüften Zusammenschluß erreicht werden können. Folgende Fragen sollten dabei überprüft werden:

- Können diese Effizienzgewinne erzielt werden ohne daß wettbewerbsgefährdende Effekte entstehen, beispielsweise durch die Übernahme durch ein Unternehmen außerhalb des Marktes oder durch die Übernahme durch ein Unternehmen mit kleinerem Marktanteil?

- Wenn als Entlastungsgrund geltend gemacht wird, daß ein Zusammenschluß mit einem größeren Unternehmen einen besseren Kapitalzugang oder eine Risikoreduktion ermögliche, warum wird nicht ein konglomerater Zusammenschluß statt eines horizontalen Zusammenschlusses vorgenommen?

- Wenn als Entlastungsgrund economies of scale behauptet werden, warum wird nicht versucht durch internes Wachstum oder durch Kooperation economies of scale statt durch einen Zusammenschluß zu erzielen?[2]

1 Vgl. Warren-Boulton (1985), S.113
2 Vgl. ebd., S.113

5.6.2. Die Behandlung der Effizienzsteigerungsklausel in der amerikanischen Fusionskontrollpraxis

Lange Zeit wurden in der amerikanischen Rechtsprechung Effizienzsteigerungen nicht als Rechtfertigungsgrund für eine potentielle Wettbewerbsgefährdung anerkannt.[1]

Im Fall Procter & Gamble wurde dies besonders deutlich durch die Behauptung von Richter Douglas, daß trotz der durch den Zusammenschluß mit Clorox eingesparten Werbungskosten eine Wettbewerbsgefährdung entstehe, weil dadurch die Markteintrittsbarrieren erhöht werden würden.

Ein Wendepunkt bedeutete der Fall LTV/Republic. Nachdem das Justizministerium zunächst folgerte, daß es keine Grundlage für die behaupteten Effizienzsteigerungen gebe, stimmte es später dem geplanten Zusammenschluß zu, da Anzeichen für Leistungssteigerungen durch den Zusammenschluß zu erkennen seien.[2] Die aus den Effizienzsteigerungen resultierenden Vorteile wurden höher bewertet als die Zunahme der Marktkonzentration um 130 bis 140 Punkte bei einem Konzentrationsgrad von 1.100 bzw. 1.000 Punkten auf den betroffenen Märkten.[3]

Bei dem Joint-Venture zwischen General Motors und Toyota schlossen sich zwei der weltgrößten Automobilhersteller zur Produktion eines Kleinwagens in Kalifornien zusammen. Der Marktanteil auf dem amerikanischen Kleinwagenmarkt betrugt infolge des Joint Ventures (unter Berücksichtigung der Importe) 37,9%,

[1] Vgl. Brown Shoe Co. v. United States, 370 U.S. 344 (1962), Federal Trade Commission v. Procter & Gamble Co. 386 U.S. 580 (1967)

[2] Vgl. McGrath (1984), S.4

[3] Vgl. Greenfield (1984), S.248

der Hirschman-Herfindahl-Index lag mit 2.028 Punkten deutlich über dem in den Fusionsrichtlinien festgelegten Schwellenwert von 1.800 Punkten.[1]

Obwohl General Motors und Toyota vorschlugen, den in Frage kommenden Preis unter Berücksichtigung eines Durchschnittswertes anderer Autopreise festzulegen, schien gerade die Verwendung eines Durchschnittswertes eine Verhaltensabsprache zu erleichtern.[2] Dennoch billigte die Federal Trade Commission das Joint Venture mit der Begründung, daß durch das Joint Venture Effizienzgewinne entstünden, weil General Motors von Toyota die Geheimnisse erfahren könnte, die Ursache für die effizientere Automobilproduktion Japans im Vergleich zu den Vereinigten Staaten sind und General Motors diese Geheimnisse in anderen Fabriken umsetzen könnte.[3]

Es ist äußerst bedenklich, daß die Wettbewerbsgefährdung durch ein Großunternehmen von 37,9% als vernachlässigbar bewertet wird aufgrund der durch die Produktionsgeheimnisse möglichen Effizienzgewinne. Eine derartige Fusionen sollte nur gestattet werden, wenn sie zu einer Preissenkung führt oder die Ressourceneinsparungen nach dem Zusammenschluß größer sind als die Nettowohlfahrtsverluste.

Die Bewertung der Effizienzsteigerungen im Vergleich zur Zunahme von Marktmacht ist somit vom subjektiven Ermessen der Gerichte abhängig. Es ist unverständlich, warum bei der Messung der Marktkonzentration präzise mathematische Formeln verwendet werden, diese Vorgehensweise jedoch für die Beurteilung von Effizienzsteigerungen abgelehnt wird.[4] Im folgenden Abschnitt wird eine

1 Vgl. Fisher, Franklin M. (1987), S.36, Kwoka (1991), S.54
2 Vgl. Salop (1986)
3 Vgl. General Motors et. al., 48 Federal Trade Register § 57.246 (1983)
4 Vgl. Krattenmaker / Pitofsky (1988), S.223

quantitative Methode vorgeschlagen, bei der die durch einen Unternehmenszusammenschluß entstandenen Nettowohlfahrtverluste mit den Ressourceneinsparungen verglichen werden.

5.6.3. Eine Methode zur Bewertung von Effizienzsteigerungen im Vergleich zur Zunahme der Marktmacht

Zur Beurteilung der Effizienzsteigerungen im Vergleich zur Zunahme von Marktmacht muß der Preis bestimmt werden, bei dem die Nettowohlfahrtsverluste durch einen Unternehmenszusammenschluß die durch den Zusammenschluß entstandenen Effizienzsteigerungen ausgleichen. Die Effizizienzsteigerungen sind die Ressourceneinsparungen, die durch einen Unternehmenszusammenschluß erzielt werden können. Unter Nettowohlfahrtsverlusten versteht man die einer Gesellschaft durch eine Preiserhöhung und eine Angebotsreduzierung entstehenden Verluste. Sind die Nettowohlfahrtsverluste größer als die Effizienzsteigerungen, sollte der Zusammenschluß verboten werden; sind die Nettowohlfahrtsverluste kleiner als die Effizienzsteigerungen, sollte der Zusammenschluß gestattet werden. Vor dem Zusammenschluß beträgt der Preis P_0 und die Menge M_0. Es soll die notwendige Preiserhöhung herausgefunden werden, bei der die Fläche EFG (die Nettowohlfahrtsverluste) gleich den Effizienzsteigerungen ist. Somit ist das Ziel den Quotienten $(PR_1 - PR_0)/P_0$ zu bestimmen. Zur Vereinfachung soll angenommen werden, daß gilt:[1]

$$PR_0 = 1$$

Die Effizienzsteigerungen (EFF) sind der gegenwärtige Wert aller Effizienzsteigerungen, die durch den Zusammenschluß realisiert werden, und die Einkommen

[1] Vgl. Weiss (1989), S.4 ff.

vor dem Zusammenschluß (=PR_0*M_0) sind der gegenwärtige Wert der Umsatzerlöse des relevanten Produkts. Erhöhen sich die Effizienzsteigerungen, wird die Preiserhöhung, die notwendig ist, damit die Nettowohlfahrtsverluste gleich groß sind wie die Effizienzsteigerungen, ebenfalls größer. Wird die Nachfragekurve elastischer (d. h. wird die Nachfrageelastizität α negativer), sinkt die Höhe der notwendigen Preiserhöhung.[1]

Bei konstanter Elastizität gilt für die Nachfrage:[2]

(5.4) $M_N = A * PR_N^{\alpha}$

wobei M_N = Nachfragemenge
PR_N = Nachfragepreis
A = Konstante
α = Nachfrageelastizität

Abb. 4: Preiserhöhung, bei der die Effizienzgewinne die Nettowohlfahrtsverluste ausgleichen

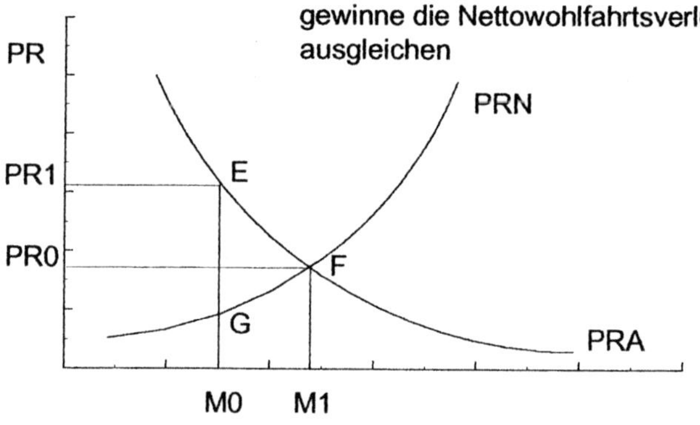

[1] Vgl. Weiss (1989), S. 6
[2] Vgl. ebd., S. A2

Analog gilt für das Angebot:

(5.5) $M_A = B * PR_A^{\beta}$,

wobei M_A = Angebotsmenge
PR_A = Angebotspreis
B = Konstante
β = Angebotselastizität

Die unterstellte Preis-Absatz-Funktion ist jeweils vom Typ 1.

Geht man von einem Gleichgewicht aus (PR_N=PR_A), und setzt man PR_0(=1) und M_0 in die Gleichungen (5.4) und (5.5) ein, erhält man:

(5.6) $A = B = M$

Setzt man Gleichung (5.6) in die Gleichungen (5.4) und (5.5) ein, erhält man durch Auflösung nach PR_N und PR_A:

(5.7) $PR_N = \left(\frac{M_N}{M_0}\right)^{1/\alpha}$

und

(5.8) $PR_A = \left(\frac{M_A}{M_0}\right)^{1/\beta}$

Die Fläche EFG kann angegeben werden durch:

(5.9) $\int_{M_0}^{M_1} (PR_N - PR_A)dM$

Setzt man in diese Gleichung die Gleichungen (5.8) und (5.9) ein, erhält man:

(5.10) $$\int_{M_0}^{M_1} \left[\left(\frac{M}{M_0}\right)^{1/\alpha} - \left(\frac{M}{M_0}\right)^{1/\beta} \right] dM = E$$

Bei der Auflösung von Gleichung (5.11) müssen zwei Fälle unterschieden werden:

Fall 1: $\alpha \neq -1$
Fall 2: $\alpha = -1$

Für Fall 1 erhält man aus Gleichung (5.11):

(5.11) $$\left(\frac{\alpha}{1+\alpha}\right) M_0 \left[1 - \left(\frac{M_1}{M_0}\right)^{(1+\alpha)/\alpha} \right] - \left(\frac{\beta}{1+\beta}\right) M_0 \left[1 - \left(\frac{M_1}{M_0}\right)^{(1+\beta)/\beta} \right] = EFF$$

Der erste Teil der linken Seite dieser Gleichung gibt den Nachfrageanteil an, der zweite Teil den Angebotsanteil.

Für Fall 2 erhält man aus Gleichung (5.12):

(5.12) $$M_0(\ln M_0 - \ln M_1) - \left(\frac{\beta}{1+\beta}\right) M_0 \left[1 - \left(\frac{M_1}{M_0}\right)^{(1+\beta)\beta} \right] = EFF$$

Löst man diese Gleichungen nach M_1 auf und setzt das Ergebnis in Gleichung (5.7) ein, erhält man für PR_1:

(5.13) $$PR_1 = \left(\frac{M_1}{M_0}\right)$$

Die prozentuale Preiserhöhung, bei der die durch einen Zusammenschluß entstandenen Nettowohlfahrtsverluste gleich den Effizienzgewinnen sind, beträgt $(PR_1-1)*100$.

Abschnitt 4 der amerikanischen Fusionsrichtlinien sollte präzisiert werden. Zeigt ein Konzentrations- oder Dominanzmaß eine hohe Konzentration an, ist die Preiserhöhung nach einem Zusammenschluß kleiner als PR_1, begünstigt der Zusammenschluß nicht die Verhaltensabstimmung zwischen den Unternehmen und sind die Markteintrittsbarrieren niedrig, sollte der Zusammenschluß gestattet werden; zeigt ein Konzentrations- oder Dominanzmaß eine hohe Konzentration an, und ist die Preiserhöhung nach einem Zusammenschluß größer oder gleich PR_1 oder fördert der Zusammenschluß die Verhaltensabstimmung zwischen den Unternehmen oder sind die Markteintrittsbarrieren so hoch, daß kein wirksamer Wettbewerb mehr möglich ist, sollte der Zusammenschluß verboten werden. Zeigt ein Konzentrations- oder Dominanzmaß eine hohe Konzentration an, und führt der Zusammenschluß zu einer Preissenkung, sollte der Zusammenschluß erlaubt werden, da dadurch keine Nettowohlfahrtsverluste entstehen.

1983 fusionierten der zweit- und viertgrößte amerikanische Hersteller von Titandioxid. Die Fusion wurde gestattet, weil die Unternehmen Effizienzgewinne geltend machten. Nach dem Zusammenschluß stieg jedoch der Preis um 38%. Eine Studie der Federal Trade Commission warnte davor, sich auf Effizienzgewinne zu stützen, um Preiserhöhungen eines wettbewerbsgefährdenden Zusammenschlusses auf einem hoch konzentrierten Markt zu verhindern. Der Zusammensschluß zwischen den Titandioxid-Herstellern hätte verhindert werden können durch die oben geschilderte Präzisierung der Fusionsrichtlinien.

5.7. Rechtfertigungsgründe

5.7.1. Kritische Darstellung der Klausel der Rechtfertigungsgründe

Zur Gerechtfertigung von Unternehmenszusammenschlüssen, die ansonsten gegen die Fusionsrichtlinien verstoßen würden, berücksichtigen die amerikanischen Antitrust-Behörden den Einwand des drohenden Konkurses eines Unternehmens oder den Einwand des drohenden Konkurses eines Unternehmensteils.

Bei Vorliegen dieser Einwände gehen die amerikanischen Antitrust-Behörden wahrscheinlich nicht gegen einen wettbewerbsgefährdenden Unternehmenszusammenschluß vor, wenn erstens das angeblich konkursbedrohte Unternehmen sonst nicht in der Lage wäre, in naher Zukunft seine finanziellen Verpflichtungen zu erfüllen, zweitens es sonst voraussichtlich nicht in der Lage wäre, eine Sanierung gemäß Abschnitt 11 des Konkursgesetzes vorzunehmen, drittens es sich nach Treu und Glauben vergeblich um angemessene andere Übernahme bemüht hat, die seinen Fortbestand sichern und dabei den Wettbewerb weniger stark gefährden würden als der geplante Zusammenschluß, viertens die Vermögenswerte des konkursbedrohten Unternehmens bei Nicht-Durchführung des geplanten Zusammenschlusses aus dem Markt ausscheiden würden.[1][2]

Der Einwand des drohenden Konkurses eines Unternehmensteils erfordert den Beweis, daß erstens der Geschäftsbereich einen negativen Cash Flow aufweist, zweitens daß die Vermögenswerte des konkursbedrohten Unternehmensteils bei

[1] Vgl. Department of Justice and Federal Trade Commission (1992), Abschnitt 5.1

[2] Die ersten drei Erfordernisse waren bereits in den Fusionsrichtlinien von 1984 enthalten, das vierte Erfordernis wurde erst in die Fusionsrichtlinien von 1992 aufgenommen.

Nicht-Verkauf aus dem Markt ausscheiden würden und drittens, daß sich das Unternehmen um die in wettbewerblicher Hinsicht günstigste Möglichkeit bemüht hat, einen Käufer zu finden.[1]

Die Anerkennung des Einwands des drohenden Konkurses beruht auf der Auffassung, daß es in einigen Fällen vorzuziehen ist, die Produktionsanlagen des erworbenen Unternehmens zu innerhalb des Marktes zu erhalten, selbst auf Kosten steigender Marktmacht, als daß das Unternehmen zum Marktaustritt gezwungen wird.

Marktaustritt kann jedoch aus wettbewerbspolitischer Sicht der Übernahme durch ein marktmächtiges Unternehmen vorzuziehen sein. Eine Beurteilung dieser wettbewerbspolitischen Argumente erfordert jedoch eine vorsichtige Bewertung der Alternativen. In einigen Fällen kann ein Unternehmen durch Fusion saniert werden und als aktiver Wettbewerber erhalten bleiben, in anderen Fällen kann ein alternativer Käufer eine geringere Drohung für die Zunahme der Marktmacht darstellen als der vorgeschlagene Fusionspartner.[2]

Über den zulässigen Anwendungsbereich des Einwands des drohenden Konkurses als Rechtfertigungsgrund gibt es beträchtliche Meinungsverschiedenheiten. Einige Kommentatoren treten dafür ein, überhaupt keinen derartigen Rechtfertigungsgrund zuzulassen. Andere Kommentatoren befürworten, den Erwerb jedes Unternehmens oder jedes Unternehmensteils zu gestatten, das aufgrund der Faktoren, die objektiv gemessen werden können - wie beispielsweise drohende Zahlungsunfähigkeit - den Geschäftsbetrieb im Falle des Nichtserwerbs einstellen muß und als Kriterium lediglich zugrunde zu legen, daß in wettbewerblicher

1 Vgl. Department of Justice and Federal Trade Commission (1992), Abschnitt 5.2

2 Vgl. Kauper (1983), S.527

Hinsicht kein günstigerer Käufer vorhanden ist.[1] Die Fusionsrichtlinien nehmen in diesem Aspekt eine mittlere Haltung ein.

5.7.2. Die Behandlung der Klausel der Rechtfertigungsgründe in der amerikanischen Fusionskontrollpraxis

Der einzige Fall, bei dem der Einwand des drohenden Konkurses als Rechtfertigungsgrund in der amerikanischen Fusionskontrollpraxis anerkannt wurde, war International Shoe Co. v. FTC.[2] Das Gericht behauptete nicht nur, daß der Erwerb eines konkursbedrohten Unternehmens keine wettbewerbsgefährdenden Auswirkungen hätte, sondern daß die Gerichte auch die Wirkung des Konkurses auf Anteilseigner, Gläubiger, Angestellte etc. berücksichtigen sollten. Konkurse erzeugen soziale Kosten, selbst wenn die Sanierung erfolgreich sei. Ein einzelner Käufer könnte mehr für die Produktionsanlagen der Konkursfirma bezahlen, weil er sie möglicherweise effizienter einsetzen könnte. Schließlich würde der Neueintritt und die Risikobereitschaft um so mehr angeregt werden, je stärker die Konkurskosten vermindert werden könnten. Deswegen sollten auch die Interessen der Aktionäre bei der Beurteilung des Einwands des drohenden Konkurses berücksichtigt werden.

Die Klausel der Rechtfertigungsgründe sollte in den Fusionsrichtlinien beibehalten werden. Wenn ein Konkurs durch einen Zusammenschluß abgewendet werden kann, sollte der Zusammenschluß gestattet werden, selbst wenn ein oder mehrere Konzentrations- und Dominanzmaße eine hohe Konzentration anzeigen, da auch die sozialen Kosten und die Interessen der Gläubiger und Angestellten berücksichtigt werden sollten.

1 Vgl. FTC Statement Concerning Horizontal Mergers (1982), S.952 ff.
2 Vgl. 280 U.S. S.291 ff.

6. Fusionskontrolle in Europa

6.1. Fusionskontrolle in der EG

6.1.1. Vorgeschichte und Zielsetzung der Fusionskontrollverordnung

Der Vertrag über die Gründung der Europäischen Gemeinschaft für Kohle und Stahl (Montanunionvertrag) von 1951 enthält drei wichtige wettbewerbspolitische Regelungen:

- Art.60: Verbot des unlauteren Wettbewerbs und der Diskriminierung

- Art.65: Kartellverbot

- Art.66: Genehmigungspflicht für Zusammenschlüsse

Im Gegensatz zum Montanunionvertrag sah der EWGV-Vertrag von 1957 ursprünglich keine Zusammenschlußkontrolle vor. Die wichtigsten wettbewerbspolitischen Regeln sind in zwei Vorschriften enthalten:

- Art.85: Verbot von wettbewerbsbeschränkendem Verhalten

- Art.86: Verbot des Mißbrauchs einer marktbeherrschenden Stellung

Art. 85 und Art. 86 sollen den Wettbewerb schützen, wenn der zwischenstaatliche Handel beeinträchtigt wird (Zwischenstaatlichkeitsklausel).

Im Zusammenhang mit der Entscheidung Continental Can erklärte der Europäische Gerichtshof, daß auch ein Zusammenschluß als Mißbrauch einer marktbeherrschenden Stellung nach Art.86 EWGV angesehen werden könne. Eine Zusammenschlußkontrolle nach Art.86 EWGV trat jedoch nur in Ausnahmefällen auf.

Am 21.12.1989 wurde daher vom Ministerrat die Europäische Fusionskontrollverordnung verabschiedet.[1] Sie beruht auf vier Grundprinzipien:[2]

- Beschränkung der Kontrolle auf große Unternehmenszusammenschlüsse von gemeinschaftsweiter Bedeutung

- Anmeldepflicht für geplante Unternehmenszusammenschlüsse

- Verbot wettbewerbsschädlicher Unternehmenszusammenschlüsse mit der Möglichkeit, Ausnahmen vom Verbot zu gewähren

- enge Zusammenarbeit zwischen Kommission und Mitgliedsstaaten im Verfahren

Ziel der Fusionskontrolle ist es, die Entstehung wettbewerbsgefährdender Marktstrukturen zu verhindern. Der Umstrukturierungsprozeß der Europäischen Gemeinschaft auf dem Weg zu einem einheitlichen Binnenmarkt soll gesteuert und geplant werden können. Der Wettbewerb soll bestmögliche Ergebnisse hervorbringen. Die Entstehung von Monopolen und engen Oligopolen muß daher rechtzeitig erkannt werden.

1 Vgl. Kommission der Europäischen Gemeinschaften (1990a)
2 Vgl. Reitzner (1989), S.414 f.

Das andere Ziel der Europäischen Fusionskontrollverordnung besteht darin, eine Vereinheitlichung der wettbewerblichen Rahmenbedingungen zu schaffen durch eine einheitliche europäische Fusionskontrolle.

6.1.2. Marktabgrenzung

Die Marktabgrenzung wird in den Abschnitten 5 und 6 des Formblatts CO geregelt.[1]

Für den sachlichen Produktmarkt gilt folgende Definition:

"Der sachlich relevante Produktmarkt umfaßt alle jene Erzeugnisse und / oder Dienstleistungen, die vom Verbraucher hinsichtlich ihrer Eigenschaften, Preise und ihres vorgesehenen Verwendungszwecks als austauschbar oder substituierbar angesehen werden.

Der sachlich relevante Produktmarkt kann in manchen Fällen auch aus einzelnen Produktgruppen bestehen. Eine einzelne Produktgruppe umfaßt ein Produkt oder eine kleine Gruppe von Produkten, die in ihrer physischen oder technischen Beschaffenheit weitgehend identisch und voll austauschbar sind. Zwischen den Produkten einer Gruppe bestehen nur kleine Unterschiede, die in der Regel das Warenzeichen und / oder Markenimage betreffen. Der Produktmarkt entspricht gewöhnlich der im Marketing des Unternehmens verwendeten Bedeutung."

[1] Vgl. Kommission der Europäischen Gemeinschaften (1990b)

Für den geographisch relevanten Markt gilt:

"Der geographisch relevante Markt umfaßt das Gebiet, in dem die beteiligten Unternehmen Produkte oder Dienstleistungen anbieten, in dem die Wettbewerbsbedingungen hinreichend homogen sind und das sich von benachbarten Gebieten, insbesondere aufgrund merklich unterschiedlicher Wettbewerbsbedingungen, die in diesen Gebieten herrschen, abgrenzt.

Maßgeblich für die Bestimmung des geographisch relevanten Marktes sind insbesondere Art und Eigenschaften der betroffenen Produkte oder Dienstleistungen, die Existenz von Marktzutrittsschranken oder Verbraucherpräferenzen, deutlich unterschiedliche Marktanteile der Unternehmen zwischen benachbarten Gebieten oder wesentliche Preisunterschiede."

Auf die Marktdefinitionen folgt eine umfangreiche Liste von Fragen zu den betroffenen Märkten, die beantwortet werden müssen, wenn:

"a) zwei oder mehr der Beteiligten (einschließlich aller derselben Gruppe angehörenden Unternehmen gemäß Abschnitt 3) in demselben sachlichen Produktmarkt oder derselben einzelnen Produktgruppe tätig sind und der Zusammenschluß zu einem gemeinsamen Marktanteil von 10% oder mehr führt (horizontale Beziehungen)

oder

b) ein Beteiligter (einschließlich aller derselben Gruppe angehörenden Unternehmen gemäß Abschnitt 3) in einem Produktmarkt tätig ist, der einem Produktmarkt oder einzelnen Produktgruppe, in dem andere Beteiligte tätig sind und einen

Marktanteil von 10% oder mehr haben, vor- oder nachgelagert ist, und zwar unabhängig davon, ob zwischen den Beteiligten Lieferanten- oder Kundenbeziehungen bestehen (vertikale Beziehungen)."

Die Marktabgrenzung in den amerikanischen Fusionsrichtlinien ist vergleichsweise analytisch zufriedenstellender und gewährleistet ein höheres Maß an Rechtssicherheit. Die Europäische Kommission grenzt den Markt enger ab. Im Fall VIAG/Continental Can plädierten die fusionsbeteiligten Unternehmen für einen einheitlichen Markt für Getränkeverpackungen, während die Europäische Kommission argumentierte, daß Getränkeverpackungen aus Glas, Aluminium oder Plastik nicht austauschbar seien. In den Fällen OTTO/Grattan und la Redoute/Empire besteht der sachlich relevante Markt nach Auffassung der Europäischen Kommission im Versandhandel für non-food Produkte im Wege der Katalogbestellung, während nach Auffassung der fusionsbeteiligten Unternehmen der sachlich relevante Markt aus dem gesamten Einzelhandel dieser Produkte besteht.[1]

6.1.3. Die Aufgreifschwellen

Die EG-Fusionskontrollverordnung unterscheidet zwischen Unternehmenszusammenschlüssen von gemeinschaftsweiter Bedeutung und Unternehmenszusammenschlüssen ohne gemeinschaftsweite Bedeutung. Für Zusammenschlüsse von gemeinschaftsweiter Bedeutung ist die Kommission der Europäischen Gemeinschaften zuständig; Zusammenschlüsse ohne gemeinschaftsweite Bedeutung sind der Kontrolle nationaler Kartellbehörden unterworfen.

1 Vgl. Glais (1992), S.101

Unternehmenszusammenschlüsse von gemeinschaftsweiter Bedeutung werden in Artikel 1 der EG-Fusionskontrollverordnung durch drei Schwellenwerte definiert:

- der weltweite Gesamtumsatz aller beteiligten Unternehmen muß zusammen mehr als 5 Milliarden ECU betragen

- mindestens zwei der beteiligten Unternehmen müssen einen gemeinschaftsweiten Gesamtumsatz von jeweils mehr als 250 Millionen ECU erzielen

- die Verordnung gilt nicht, wenn die fusionsbeteiligten Unternehmen jeweils mehr als zwei Drittel ihres gemeinschaftsweiten Gesamtumsatzes in einem und demselben Mitgliedsstaat erzielen.

Weitere Kriterien zur Beurteilung von Unternehmenszusammenschlüssen, wie beispielsweise Marktanteile, sind in der EG-Fusionskontrollverordnung im Gegensatz zu den amerikanischen Fusionsrichtlinien und zur deutschen Fusionskontrolle nicht enthalten.

Nach Artikel 4 der Fusionskontrollverordnung sind Zusammenschlüsse von gemeinschaftsweiter Bedeutung innerhalb einer Woche nach dem Vertragsabschluß, der Veröffentlichung des Kauf- oder Tauschangebots oder des Erwerbs einer der Kontrolle begründeten Beteiligung bei der Kommission anzumelden (ex-ante Kontrolle).

Die Schwellenwerte für Unternehmenszusammenschlüsse von gemeinschaftsweiter Bedeutung sind so hoch angesetzt, daß die meisten Zusammenschlüsse nicht von der EG-Fusionskontrollverordnung erfaßt werden.

Ein Schwellenwert von 5 Milliarden ECU ist deswegen zu hoch angesetzt, weil es stark spezialisierte Industriezweige gibt, in denen der Gesamtumsatz aller Unternehmen mit Sitz in der Europäischen Gemeinschaft weniger als 5 Milliarden ECU beträgt. Unternehmenszusammenschlüsse innerhalb dieser Industriezweige unterliegen somit nicht der Fusionskontrolle. Da keine Marktanteile verwendet werden, würde folglich sogar ein Monopol nicht beanstandet werden.

Die Auswirkungen von Unternehmenszusammenschlüssen auf die Wettbewerbsstruktur des gemeinsamen Marktes werden nur unzureichend berücksichtigt. Es ist nicht sachgerecht, jede Marktkonstellation zu gestatten, falls der weltweite Gesamtumsatz aller fusionsbeteiligten Unternehmen unter 5 Milliarden ECU liegt, ohne eine detaillierte Analyse der Wettbewerbssituation des Marktes und der Marktmacht des neu entstandenen Unternehmens durchzuführen.

Großbritannien und die Bundesrepublik Deutschland sprachen sich für eine höhere Aufgriffsschwelle aus, während die kleineren EG-Staaten eine niedrigere Aufgriffsschwelle befürworteten.

Auch wenn der gemeinschaftsweite Gesamtumsatz der fusionsbeteiligten Unternehmen jeweils weniger als 250 Millionen ECU beträgt, kann der Zusammenschluß den Wettbewerb des gemeinsamen Marktes beeinträchtigen.

Um das Entstehen von Marktmacht zu verhindern, ist es deswegen notwendig, die EG-Fusionskontrolle durch den Einsatz von Konzentrationsmaßen zu präzisieren und den auf dem relevanten Markt bestehenden Konzentrationsgrad zu ermitteln.

Die Regelung, daß die Verordnung nicht anzuwenden ist, wenn die fusionsbeteiligten Unternehmen jeweils mehr als zwei Drittel ihres gemeinschaftsweiten Gesamtumsatzes in einem und demselben Mitgliedsstaat erzielen, kann ebenfalls zu fehlerhaften Entscheidungen führen, da als Bezugsgröße nicht der weltweite, sondern der gemeinschaftsweite Umsatz verwendet wird. So können beliebig große Unternehmen mit großen Inlandsmärkten und hohen Exporten in Länder außerhalb der Europäischen Gemeinschaft fusionieren, ohne mit den Schwellenwerten in Konflikt zu geraten.[1]

In den ersten drei Jahren nach Inkrafttreten der Fusionskontrollverordnung wurde von der Kommission erst ein Unternehmenszusammenschluß untersagt (ATR/de Havilland)[2]. Zahlreiche Vorgänge, die erhebliche Auswirkungen auf den Wettbewerb im gemeinsamen Markt haben, wurden von der Fusionskontrollverordnung nicht erfaßt.

Bei der Prüfung der Vereinbarkeit von Unternehmenszusammenschlüssen mit dem gemeinsamen Markt verwendet die Kommission folgende Kriterien:

- die Notwendigkeit, im Gemeinsamen Markt wirksamen Wettbewerb aufrechtzuerhalten und zu entwickeln, insbesondere im Hinblick auf die Struktur aller betroffenen Märkte und den tatsächlichen oder potentiellen Wettbewerb durch innerhalb oder außerhalb der Gemeinschaft ansässige Unternehmen

- die Marktstellung sowie die wirtschaftliche Macht und die Finanzkraft der beteiligten Unternehmen

1 Vgl. Ehlermann (1991), S.538
2 Vgl. EV 1675 (1992), S.163 ff.

- die Wahlmöglichkeiten der Lieferanten und Abnehmer

- ihren Zugang zu den Beschaffungs- und Absatzmärkten

- rechtliche oder tatsächliche Marktzutrittsschranken

- die Entwicklung des Angebots und der Nachfrage bei den jeweiligen Erzeugnissen und Dienstleistungen

- die Interessen der Zwischen- und Endverbraucher

- die Entwicklung des technischen und wirtschaftlichen Fortschritts, sofern diese dem Verbraucher dient und den Wettbewerb nicht behindert.

Im Gegensatz zum deutschen Recht enthält die europäische Fusionskontrollverordnung keine spezielle Regelung zur Beurteilung von Oligopolen.

Ausnahmeregelungen sind in der EG-Fusionskontrollverordnung im Gegensatz zum deutschen Recht nicht enthalten. Eine Interessenabwägung bei einem überprüften Unternehmenszusammenschluß ist nicht möglich; Unternehmenszusammenschlüsse, durch die eine marktbeherrschende Stellung entsteht oder verstärkt wird, müssen zwingend verboten werden. Eine zweite Entscheidungsstufe wie die Ministererlaubnis aus Gründen des Gemeinwohls im deutschen Recht ist somit in der EG-Fusionskontrollverordnung nicht vorhanden.[1]

[1] Vgl. Krakowski (1991), S.275

6.1.4. Der Zusammenschlußtatbestand

Nach Artikel 3 der Fusionskontrollverordnung wird ein Zusammenschluß dadurch bewirkt, daß

- zwei oder mehr bisher voneinander unabhängige Unternehmen fusionieren oder daß

- ein oder mehrere Unternehmen durch den Erwerb von Anteilsrechten oder Vermögenswerten, durch Vertrag oder in sonstiger Weise die unmittelbare oder mittelbare Kontrolle über die Gesamtheit oder über Teile eines oder mehrerer anderer Unternehmen erwerben.

Im Gegensatz zu den amerikanischen Fusionsrichtlinien und zum deutschen Kartellrecht beruht der Zusammenschlußtatbestand der EG-Fusionskontrollverordnung nicht auf quantitativen Schwellenwerten, sondern auf einem qualitativen Kriterium: auf dem Erwerb der Kontrolle über ein anderes Unternehmen.[1] Der rein qualitative Zusammenschlußtatbestand ermöglicht der EG-Kommission großen Ermessensspielraum. Zur korrekten Beurteilung der Marktmacht eines Unternehmens müßte auch sein Marktanteil berücksichtigt werden.

Stellt die Kommission fest, daß durch ein Unternehmenszusammenschluß eine marktbeherrschende Stellung entsteht oder verstärkt wird, erklärt sie den Zusammenschluß für unvereinbar mit dem Gemeinsamen Markt (Art. 8, Abs. 2).

Ist der Zusammenschluß bereits vollzogen, kann die Kommission die Trennung der zusammengefaßten Unternehmen oder Vermögenswerte (Entflechtung), die

[1] Vgl. Ehlermann (1991), S.539

Beendigung der gemeinsamen Kontrolle oder andere Maßnahmen anordnen, die geeignet sind, wirksamen Wettbewerb wiederherzustellen (Art. 8, Abs. 4)

6.1.5. Empfehlungen für die Europäische Wettbewerbspolitik

Die Europäische Fusionskontrollverordnung sollte präzisiert werden:[1]

Fusionen sollten dann untersagt werden können, wenn eine wesentliche Beeinträchtigung der Wirksamkeit des Wettbewerbs auf dem Gemeinsamen Markt oder einem wesentlichen Teil desselben droht.

Die drohende wesentliche Beeinträchtigung der Wirksamkeit des Wettbewerbs sollte mit Hilfe von Konzentrations- und Dominanzmaßen präzisiert werden.

Eine drohende wesentliche Beeinträchtigung der Wirksamkeit des Wettbewerbs ist anzunehmen, wenn:

(1) der Hirschman-Herfindahl-Index eines Marktes nach einem Zusammenschluß mehr als 1.000 Punkte beträgt, oder wenn:
(2) ein Unternehmen durch einen Zusammenschluß einen Marktanteil von mindestens einem Drittel erlangt und
(3) das nächstgrößere Unternehmen weniger als ein Viertel des Marktanteils des führenden Unternehmens kontrolliert, oder wenn:
(4) die Gruppe der vier größten Unternehmen von 50% oder mehr erlangt, oder
(5) die Gruppe der acht größten Unternehmen durch einen Zusammenschluß einen Marktanteil von 70% oder mehr erlangt.

[1] Vgl. Piesch / Schmidt (1983), S.88

In den Fällen (4) und (5) ist dem Ergebnis der Abgrenzung oligopolistischer Kerne mit Hilfe von Dominanzmaßen Rechnung zu tragen; d. h., der Oligoplkern kann im Einzelfall enger oder weiter sein. In allen Fällen ist anhand weiterer Strukturmerkmale zu überprüfen, ob wirksamer Wettbewerb noch möglich ist. Ist wirksamer Wettbewerb noch möglich, sollte ein Zusammenschluß gestattet werden.

Liegt der Hirschman-Herfindahl-Index nach einem Zusammenschluß unter 1.000 Punkten oder beträgt der Marktanteil des größten Unternehmens weniger als ein Drittel oder der Marktanteil der vier größten Unternehmen weniger als 50% oder der Marktanteil der acht größten Unternehmen weniger als 70%, sollten zusätzlich Dominanzmaße zur Abgrenzung oligopolistischer Kerne eingesetzt werden. Können oligopolistische Kerne abgegrenzt werden, sollte dann anhand weiterer Strukturmerkmale und des Marktverhaltens untersucht werden, ob trotz der hohen Konzentration noch wirksamer Wettbewerb möglich ist. Liegt der Hirschman-Herfindahl-Index unter 1.000 Punkten und kann von den Dominanzmaßen kein Oligopolkern oder kein marktbeherrschendes Unternehmen abgegrenzt werden, und beträgt der Marktanteil des größten Unternehmens weniger als ein Drittel, der vier größten Unternehmen weniger als 50% und der acht größten Unternehmen weniger als 70%, ist davon auszugehen, daß der Wettbewerb nicht wesentlich beeinträchtigt wird, und der Zusammenschluß sollte gestattet werden. Als Dominanzmaße schlage ich wiederum den Anstiegsindex D_k^A, die längste Konzentrationskurvensehne D_k^S, das Hirschman-Herfindahl-Dominanzmaß D_k^{HHI}, das Linda-Dominanzmaß D_k^Q, die mittlere Dominanz L_k^* und die relative mittlere Dominanz L_k vor. Als weiteres summarisches Konzentrationsmaß sollte der Exponentialindex zur Bestimmung des Beitrags einer Gruppe von Unternehmen zur Gesamtkonzentration oder zur Disaggregation der Konzentration einer Branche in der EG in die Konzentration zwischen den einzelnen EG-Ländern verwendet werden. Zusätzlich sollte analog zu den amerikanischen Fusionsrichtlinien eine

Effizienzsteigerungsklausel eingeführt werden. Zeigen die Konzentrationsmaße eine hohe Konzentration an, und kann durch die Dominanzmaße ein Oligopolkern oder ein marktbeherrschendes Unternehmen abgegrenzt werden, ist die Preiserhöhung geringer als der Preis PR_1, bei dem die Nettowohlfahrtverluste gleich den Effizienzgewinnen sind, und ergeben auch die übrigen Strukturfaktoren, daß trotz hoher Konzentration noch wirksamer Wettbewerb möglich ist, sollte ein Zusammenschluß gestattet werden. Ist die Preiserhöhung höher als PR_1, und ergibt die Untersuchung der übrigen Strukturfaktoren, daß kein wirksamer Wettbewerb mehr möglich ist, sollte ein Zusammenschluß verboten werden.

Die kritischen Schwellenwerte sollten unterschiedlich festgesetzt werden, je nachdem, ob der räumlich relevante Markt den gesamten Gemeinsamen Markt oder nur einen Teil desselben umfassen soll: je weiter der räumlich relevante Markt abgegrenzt wird, desto niedriger können die kritischen Werte für diesen größeren Markt gewählt werden.

Im Interesse der Rechtssicherheit sollte die Anmeldepflicht von Zusammenschlüssen an absolute Kriterien anknüpfen. Die Unternehmen müßten im Rahmen dieser Anmeldepflicht Daten über die eigene Marktposition liefern, die der Kommission eine Beurteilung darüber erlauben, ob eine wesentliche Beeinträchtigung der Wirksamkeit des Wettbewerbs droht oder nicht.

6.2. Fusionskontrolle in der Bundesrepublik Deutschland

Die deutsche Fusionskontrolle ist im Gegensatz zur europäischen Fusionskontrolle durch ein zweistufiges Verfahren gekennzeichnet. Zunächst untersucht das Bundeskartellamt den Unternehmenszusammenschluß dahingehend, ob eine marktbeherrschende Stellung im Sinne des § 22, Abs. 1-3 GWB entsteht oder verstärkt wird, und ob es sich um einen Zusammenschluß nach § 23, Abs. II GWB handelt, der nicht unter die Toleranzklauseln des § 24, Abs. 8 GWB fällt (Aufgreifkriterien). Weisen die fusionsbeteiligten Unternehmen nach, daß durch den Zusammenschluß auch Verbesserungen der Wettbewerbsbedingungen eintreten, und daß diese Verbesserungen die Nachteile der Marktbeherrschung überwiegen (§ 24, Abs. 1 GWB - Eingreifkriterien) wird der Zusammenschluß gestattet. Wird der Zusammenschluß vom Kartellamt untersagt, kann der Wirtschaftsminister bei Vorliegen einer marktbeherrschenden Stellung aus Gründen des Gemeinwohls einen Unternehmenszusammenschluß dennoch genehmigen; er muß jedoch zuvor noch ein Gutachten der Monopolkommission einholen (§ 24, Abs.5 GWB).[1] Im Rahmen der Ministererlaubnis sind die Ausnahmeregelungen in Deutschland erheblich weiter gefaßt als in der EG-Fusionskontrollverordnung.[2]

Während in den amerikanischen Fusionsrichtlinien der Hirschman-Herfindahl-Index zur Messung der Marktkonzentration verwendet wird, werden im Gesetz gegen Wettbewerbsbeschränkungen Konzentrationsraten zur Messung der Marktkonzentration verwendet.

1 Vgl. Schmidt (1990b), S.92
2 Vgl. Rohardt (1991), S.370

Eine präventive Fusionskontrolle besteht für geplante Unternehmenszusammenschlüsse (ex-ante Kontrolle) nach § 24 a I 2 GWB durch eine Anzeigepflicht, wenn:

- eines der beteiligten Unternehmen im letzten Geschäftsjahr mindestens zwei Milliarden DM Umsatz hatte

- mindestens zwei der beteiligten Unternehmen je eine Milliarde DM Umsatz oder mehr hatten

- der Zusammenschluß nach Landesrecht durch Gesetz oder sonstigen Hoheitsakt bewertet werden soll

Nach § 23 I GWB müssen vollzogene Unternehmenszusammenschlüsse angemeldet werden (ex-post Kontrolle), wenn

- durch den Zusammenschluß im gesamten Geltungsbereich des GWB oder in einem wesentlichen Teil desselben ein Marktanteil von mindestens 20 % hat, oder

- ein fusionsbeteiligtes Unternehmen auf einem Markt einen Marktanteil von mindestens 20 % hat, oder

- die fusionsbeteiligten Unternehmen im letzten Geschäftsjahr Umsatzerlöse von mindestens 500 Millionen DM erzielten oder mindestens 10.000 Beschäftigte hatten

Nach § 24 I und II GWB untersagt das Kartellamt einen horizontalen Unternehmenszusammenschluß, wenn zu erwarten ist, daß durch ihn einen marktbeherrschende Stellung entsteht oder verstärkt wird.

Für das Vorliegen einer marktbeherrschenden Stellung werden für ein Unternehmen nach § 22 GWB folgende Kriterien verwendet:

- das Unternehmen ist ohne Wettbewerb oder keinem wesentlichen Wettbewerb ausgesetzt (Abs. 1, Satz 1) oder hat im Verhältnis zu seinen Wettbewerbern eine überragende Marktstellung; hierbei ist außer seinem Marktanteil insbesondere seine Finanzkraft, sein Zugang zu den Beschaffungs- oder Absatzmärkten, Verflechtungen mit anderen Unternehmen, rechtliche oder tatsächliche Schranken für den Marktzutritt anderer Unternehmen, die Fähigkeit der anderen Unternehmens, ihr Angebot oder ihr Ware auf andere Waren oder gewerbliche Leistungen umzustellen und die Möglichkeit der Marktgegenseite, auf andere Unternehmen auszuweichen, zu berücksichtigen (Abs. 1, Satz 2)

- Marktbeherrschung wird im Sinne des Absatzes 1 vermutet bei einem Marktanteil von mindestens einem Drittel und mindestens 250 Millionen DM Umsatz (Abs. 3, Satz 1)

Für mehrere Unternehmen gelten folgende Kriterien:

- die Unternehmen sind ohne Wettbewerber oder keinem wesentlichen Wettbewerb ausgesetzt (Abs. 1, Satz 1) oder haben im Verhältnis zu ihren Wettbewerbern eine überragende Marktstellung; hierbei sind außer ihren Marktanteilen insbesondere ihre Finanzkraft, ihr Zugang zu den Beschaffungs- oder Absatzmärkten, Verflechtungen mit anderen Unternehmen, rechtliche oder tatsächliche

Schranken für den Marktzutritt anderer Unternehmen, die Fähigkeit der anderen Unternehmen, ihr Angebot oder ihr Ware auf andere Waren oder gewerbliche Leistungen umzustellen und die Möglichkeit der Marktgegenseite, auf andere Unternehmen auszuweichen, zu berücksichtigen (Abs. 1, Satz 2)

- zwischen den Unternehmen besteht für eine bestimmte Art von Waren oder gewerblichen Leistungen allgemein oder auf bestimmten Märkten aus tatsächlichen Gründen kein wesentlicher Wettbewerb besteht, und die Unternehmen erfüllen in ihrer Gesamtheit die Voraussetzungen des Absatzes 1 (Abs. 2)

- es wird vermutet, daß die Voraussetzungen des Absatzes 2 vorliegen bei einem Marktanteil von mindestens 50% für drei oder weniger Unternehmen und mindestens zwei Drittel für fünf oder weniger Unternehmen bei mindestens 100 Millionen DM Umsatz pro Unternehmen (Abs. 3, Satz 2)

Tab.35: Mögliche Marktanteilsverteilung
bei gegebener CR_1 von 33 1/3%

	A Teilmonopol
	p_i
1	33 1/3 %
2	
3	66 * 1 %
4	1 * 2/3 %
CR_1	33 1/3 %

Da die Konzentrationsrate nur die Marktanteile der k größten Unternehmen berücksichtigt und die Marktanteile aller anderen Unternehmen nicht erfaßt, können Fusionen nach dem GWB nicht rechtzeitig untersagt werden. Durch Fusionen kann sich ein Teilmonopol bilden mit einem Marktanteil des marktbeherrschenden Unternehmens von bis zu 33 1/3 %.

Tab. 36: Konzentrationsmaße für ein Teilmonopol
mit CR_1=33 1/3%

Kennzahlen		Werte
Hirschman-Herfindahl-Index	HHI	1.178
Exponentialindex	E	321
Konzentrationsraten	CR_1	33 1/3
	CR_3	35 1/3
	CR_5	37 1/3
Mittlere Dominanzen	L_4^*	0,74
	L_8^*	1,06
Schwellenwerte	k_A	1
	k_S	1
	k_{HHI}	1
	k_Q	1
	k_L	1

Bei Verwendung der Konzentrationsraten liegt nach § 22 GWB keine marktbeherrschende Stellung für das Teilmonopol vor (CR_1=33 1/3%, CR_3=35 1/3%, CR_5=37 1/3%). Der Hirschman-Herfindahl-Index zeigt eine mittelgroße Konzentration an (HHI=1.178). Der Abstand des größten Unternehmens zum nächstgrößten Unternehmen ist jedoch so groß, daß die Schwellenwerte $k_A=k_S=k_{HHI}=k_Q=1$ sind.

Tab.37: Mögliche Marktanteilsverteilungen
bei gegebener CR_3 von 50%

	A sym. Teilolig.	B asym. Teilolig.
	p_i	p_i
1	16 2/3 %	33 1/3 %
2	16 2/3 %	8 1/3 %
3	16 2/3 %	8 1/3 %
4		
5		
6	50 * 1 %	50 * 1 %
CR_3	50 %	50 %

Durch Fusionen können sich außerdem Oligopole bilden, so z. B. ein symmetrisches Teiloligopol, bei dem die drei größten Unternehmen einen Marktanteil von jeweils bis zu 16 2/3% haben.

Tab. 38: Konzentrationsmaße für ein symmetrisches
Teiloligopol mit CR_3=50% (Markt A)

Kennzahlen		Werte
Hirschman-Herfindahl-Index	HHI	883
Exponentialindex	E	408
Konzentrationsraten	CR_1	16 1/3
	CR_3	50
	CR_5	52
Mittlere Dominanzen	L_4^*	1
	L_8^*	9,15
Schwellenwert	k_A	3
	k_S	3
	k_{HHI}	3
	k_Q	3
	k_L	3

Bei Verwendung der Konzentrationsraten liegt nach § 22 GWB keine marktbeherrschende Stellung für das symmetrische Teiloligopol vor (CR_1=33 1/3%, CR_3= 35 1/3%, CR_5=37 1/3%). Der Hirschman-Herfindahl-Index zeigt eine niedrige Konzentration an (HHI=883). Die Schwellenwerte $k_A=k_S=k_{HHI}=k_Q=k_L=3$ verdeutlichen die teiloligopolistische Struktur des Marktes.

Tab. 39: Konzentrationsmaße für ein asymmetrisches Teiloligopol mit CR_3=50% (Markt B)

Kennzahlen		Werte
Hirschman-Herfindahl-Index	HHI	1.300
Exponentialindex	E	458
Konzentrationsraten	CR_1	33 1/3
	CR_3	50
	CR_5	52
Mittlere Dominanzen	L_4^*	8,93
	L_8^*	10,93
Schwellenwerte	k_A	3
	k_S	3
	k_{HHI}	1
	k_Q	1
	k_L	3

Bei Verwendung der Konzentrationsraten liegt nach § 22 GWB wiederum keine marktbeherrschende Stellung für das asymmetrische Teiloligopol vor (CR_1=33 1/3%, CR_3=50%, CR_5=52%). Der Hirschman-Herfindahl-Index zeigt eine mittelgroße Konzentration an (HHI=1.300). Der Abstand des größten zum nächstgrößten Unternehmen ist so groß, daß $k_{HHI}=k_Q=1$. Die Disparität unter den vier und acht größten Unternehmen ist stark ausgeprägt.

Tab. 40: Mögliche Marktanteilsverteilungen
bei gegebener CR_5 von 66 2/3%

	A asym. Oligop.	B sym. Teilolig.	C Teilmonopol
	p_i	p_i	p_i
1	13 1/3 %	13 1/3 %	33 1/3 %
2	13 1/3 %	13 1/3 %	8 1/3 %
3	13 1/3 %	13 1/3 %	8 1/3 %
4	13 1/3 %	13 1/3 %	8 1/3 %
5	13 1/3 %	13 1/3 %	8 1/3 %
6	11 1/9 %		8 1/3 %
7	11 1/9 %		8 1/3 %
8	11 1/9 %		8 1/3 %
9		32*1 %	8 1/3 %
10		1* 1/3 %	
CR_5	66 2/3 %	66 2/3 %	66 2/3 %

Schließlich können durch Fusionen bis zu zwei Drittel Marktanteil auf die fünf größten Unternehmen konzentriert werden und das restliche Drittel Marktanteil sich auf drei weitere Unternehmen verteilen, ohne die Schwellenwerte der derzeit gültigen Fusionskontrolle zu verletzen (vgl. Tab. 40). Die Zahl der Unternehmen könnte sich auf acht Unternehmen reduzieren, ohne daß dieser Konzentrationsprozeß nach dem GWB verhindert werden könnte.

Tab. 41: Konzentrationsmaße für ein asymmetrisches Oligopol mit CR_5=66 2/3% (Markt A)

Kennzahlen		Werte
Hirschman-Herfindahl-Index	HHI	1.259
Exponentialindex	E	1.255
Konzentrationsraten	CR_1	13 1/3
	CR_3	40
	CR_5	66 2/3
Mittlere Dominanzen	L_4^*	1
	L_8^*	1,13
Schwellenwerte	k_A	5
	k_S	5
	k_{HHI}	5
	k_Q	5
	k_L	5

Bei Verwendung der Konzentrationsraten liegt nach § 22 GWB keine marktbeherrschende Stellung für das asymmetrische Oligopol vor (CR_1=13 1/3%, CR_3=40%, CR_5=66 2/3%). Der Hirschman-Herfindahl-Index zeigt eine mittelgrosse Konzentration an (HHI=1.259). Die Schwellenwerte $k_A=k_S=k_{HHI}=k_Q=5$ verdeutlichen die teiloligopolistische Struktur des Marktes. Die Disparität unter den vier und acht größten Unternehmen ist gering.

Tab. 42: Konzentrationsmaße für ein symmetrisches Teiloligopol mit CR_5=66 2/3% (Markt B)

Kennzahlen		Werte
Hirschman-Herfindahl-Index	HHI	921
Exponentialindex	E	587
Konzentrationsraten	CR_1	13 1/3
	CR_3	40
	CR_5	66 2/3
Mittlere Dominanzen	L_4^*	1
	L_8^*	6,21
Schwellenwerte	k_A	5
	k_S	5
	k_{HHI}	5
	k_Q	5
	k_L	5

Bei Verwendung der Konzentrationsraten liegt nach § 22 GWB keine marktbeherrschende Stellung für das symmetrische Teiloligopol vor (CR_1=13 1/3%, CR_3=40%, CR_5=66 2/3%). Der Hirschman-Herfindahl-Index zeigt eine niedrige Konzentration an (HHI=921). Die Schwellenwerte $k_A=k_S=k_{HHI}=k_Q=k_L=5$ verdeutlichen die teiloligopolistische Struktur des Marktes. Die Disparität unter den acht größten Unternehmen ist stark ausgeprägt.

Tab. 43: Konzentrationsmaße für ein Teilmonopol mit CR_5=66 2/3% (Markt C)

Kennzahlen		Werte
Hirschman-Herfindahl-Index	HHI	1.667
Exponentialindex	E	1.323
Konzentrationsraten	CR_1	33 1/3
	CR_3	50
	CR_5	66 2/3
Mittlere Dominanzen	L_4^*	8,93
	L_8^*	2,11
Schwellenwerte	k_A	1
	k_S	1
	k_{HHI}	1
	k_Q	1
	k_L	9

Bei Verwendung der Konzentrationsraten liegt nach § 22 GWB auch für das Teilmonopol keine marktbeherrschende Stellung vor (CR_1=13 1/3%, CR_3=50%, CR_5=66 2/3%). Der Hirschman-Herfindahl-Index zeigt eine mittelgroße Konzentration an (HHI=1.667). Der Abstand des größten Unternehmens zum nächstgrößten Unternehmen ist so groß, daß $k_A=k_S=k_{HHI}=k_Q=1$. Die Disparität unter den vier größten Unternehmen ist stark ausgeprägt.

Diese Beispiele verdeutlichen, daß der alleinige Einsatz von Konzentrationsraten nicht ausreichend ist, um wettbewerbsgefährdende Marktstrukturen zu erfassen. § 22 GWB sollte präzisiert werden: Falls der Hirschman-Herfindahl-Index über 1.000 Punkte liegt, oder ein Unternehmen einen Marktanteil von über 33 1/3% hat bzw. drei Unternehmen einen Marktanteil von über 50% oder fünf Unternehmen einen Marktanteil von über 66 2/3% haben und die Abschneidegrenzen der Dominanzmaße kleiner gleich 10 sind, sollte ein Unternehmenszusammenschluß überprüft werden. Zeigen der Hirschman-Herfindahl-Index und die Konzentrationsraten eine niedrige Konzentration an und kann von den Dominanzmaßen kein

Oligopolkern und kein marktbeherrschendes Unternehmen abgegrenzt werden, sollte ein Zusammenschluß gestattet werden. Analog zu den amerikanischen Fusionsrichtlinien sollte eine Effizienzsteigerungsklausel in das GWB aufgenommen werden. Zeigt ein Konzentrations- oder Dominanzmaß eine hohe Konzentration an, ist der Preis nach dem Zusammenschluß niedriger als der Preis PR_1, bei dem die Nettowohlfahrtverluste gleich den Effizienzgewinnen sind, und ergibt auch eine Untersuchung der übrigen Strukturmerkmale, daß wirksamer Wettbewerb noch möglich ist, sollte der Zusammenschluß gestattet werden. Ist der Preis höher als PR_1 und ergibt die Untersuchung der übrigen Strukturmerkmale, daß kein Wettbewerb mehr möglich ist, sollte der Zusammenschluß verboten werden. Schließlich sollte der Exponentialindex verwendet werden zur Bestimmung der Auswirkungen von Unternehmenszusammenschlüssen auf die Marktstrukur.

7. Ergebnis: Die Notwendigkeit einer multikriteriellen Vorgehensweise zur Präzisierung der Fusionsrichtlinien

7.1. Der Zusammenhang zwischen Konzentrationsgrad und wirksamem Wettbewerb

Wirksamer Wettbewerb wird durch Merkmale der Marktstruktur, des Marktverhaltens und des Marktergebnisses bestimmt. In der amerikanischen, deutschen und amerikanischen Wettbewerbspolitik werden Märkte anhand von Struktur- und Verhaltensnormen untersucht.

Der Anzahl der Anbieter und der Größenverteilung der Marktanteile kommt im Rahmen des Strukturansatzes eine besondere Bedeutung zu.

Die Intensität des Wettbewerbs hängt außerdem von einer größeren Zahl von Merkmalen und dem tatsächlichen Marktverhalten ab.

Wie empirische Untersuchungen ergeben haben, ist es für die führenden Unternehmen ab einem bestimmten Konzentrationsgrad möglich und vorteilhaft, eine gemeinsame Gewinnmaximierung der Gruppe zu betreiben, statt der üblicherweise in der Preistheorie unterstellten individuellen Gewinnmaximierung. Die weiter fortschreitende Konzentration führt dann zur marktbeherrschenden Stellung eines einzelnen Unternehmens, das nicht mehr durch wirksamen Wettbewerb kontrolliert wird, und letztlich zum Teilmonopol oder Vollmonopol.

Eine Reihe von Autoren (z. B. Bain, Mann und Weiss) untersuchten die Gefährdung des Wettbewerbs bei zunehmender Konzentration und ermittelten kritische Schwellenwerte von CR_4=50% und CR_8=70%. Der kritische

Konzentrationsgrad weist jedoch wegen des Einflusses der übrigen Faktoren Abweichungen nach unten oder oben auf, so daß kein exakter Zusammenhang zwischen Marktergebnis und Konzentration besteht. Man kann einen Zusammenhang zwischen dem Konzentrationsgrad und der Wirksamkeit des Wettbewerbs deshalb nur dahingehend formulieren, daß der Wettbewerb mit zunehmender Konzentration gefährdet ist.[1]

7.2. Die Notwendigkeit einer Verwendung mehrerer Konzentrationmerkmale bei der Konzentrationsmessung

Es gibt, wie in Abschnitt 2.2. dargestellt mehrere Konzentrationsmerkmale, die zur Konzentrationsmessung herangezogen werden können. Jedes Konzentrationsmerkmal ist für sich betrachtet mit Nachteilen verbunden und kann außerdem nicht sämtliche Aspekte der Konzentration erfassen. Je nach Wahl des Konzentrationsmerkmals können sich andere Ergebnisse einstellen. Bei der Beurteilung dieser Ergebnisse muß beachtet werden, daß sie eine Konzentrationserscheinung nur ganz partiell wiedergeben. Eine mehrdimensionale Konzentrationsanalyse, bei der jedem Element einer Gesamtheit ein Vektor von Ausprägungen verschiedener Konzentrationsmerkmale zugeordnet würde, ist theoretisch leicht zu konzipieren. Es kann z.B. ein branchenmäßiges Tripel aus Konzentrationsgraden von Nettoproduktionswert, Umsatz und Beschäftigten konstruiert werden. Zeigt ein Konzentrationsmerkmal eine hohe Konzentration an, sollte ein Zusammenschluß überprüft werden. Die Auswahl der Konzentrationsmerkmale wird durch die Verfügbarkeit der erforderlichen Daten oftmals eingeschränkt.

[1] Vgl. Piesch / Schmidt (1983), S.83 f.

7.3. Die Notwendigkeit einer Verwendung mehrerer Konzentrations- und Dominanzmaße bei der Konzentrationsmessung

Bei der Konzentrationsmessung werden zwei grundlegende Konzepte unterschieden: das Einzelmachtkonzept und das Gruppenmachtkonzept.

Das Einzelmachtkonzept geht von der Vorstellung eines marktbeherrschenden Unternehmens aus. Von einer Erhöhung der statistischen Konzentration kann auf eine Abnahme der Wettbewerbsintensität und eine Erhöhung der Marktmacht geschlossen werden. Im Rahmen dieses Einzelmachtkonzeptes sollte mit der Ein-Firmen-Konzentrationsrate der Marktanteil des größten Unternehmens, mit Dominanzmaßen der Abstand zu den Marktanteilen der übrigen Unternehmen und mit Disparitätsmaßen der Grad der Ungleichverteilung der Marktanteile der restlichen Unternehmen angegeben werden.

Das Gruppenmachtkonzept geht von der Vorstellung enger Oligopole mit spontan-solidarischem Parallelverhalten aus. Im Gegensatz zum Einzelmachtkonzept kann von einer Erhöhung der statistischen Konzentration nicht zwingend auf eine Abnahme der Wettbewerbsintensität geschlossen werden, da eine Erhöhung der Disparität in der Oligopolgruppe wettbewerbsfördernd wirkt. Im Rahmen des Gruppenmachtkonzeptes sind summarische Konzentrationsmaße zur Erfassung wettbewerbsgefährdender Marktstrukturen ungeeignet; stattdessen sollte mit Konzentrationsraten der Marktanteil der Kerngruppe ermittelt werden, mit Disparitätsmaßen sollte der Grad der Ungleichverteilung der Marktanteile der Unternehmen der Kerngruppe und der Grad der Ungleichverteilung der Marktanteile der restlichen Unternehmen, und mit Dominanzmaßen sollte der Abstand der Marktanteile der Unternehmen der Kerngruppe zu den Marktanteilen der restlichen Unternehmen ermittelt werden.

Zur Klassifikation einer Marktstruktur sollten mehrere statistische Konzentrations- und Dominanzmaße gleichzeitig verwendet werden, da durch ein Maß allein nicht alle wettbewerbsgefährdenden Marktstrukturen erfaßt werden können. Bei der Erfassung von Marktstrukturen durch Konzentrations- und Dominanzmaße sollte folgendes beachtet werden:[1]

Die verwendeten Konzentrations- und Dominanzmaße sollten bestimmte wünschenswerte Eigenschaften erfüllen; z. B. sollte der Konzentrationsgrad eines Marktes bei Fusionen und bei der Vergrößerung des Marktanteils eines großen Unternehmens auf Kosten des Marktanteils eines kleineren Unternehmens zunehmen.

Stehen lediglich die Marktanteile der k größten Unternehmen zur Verfügung, sollte eine entsprechende Konzentrationsrate verwendet werden; stehen die Marktanteile aller Marktteilnehmer zur Verfügung, kann ein summarisches Konzentrationsmaß verwendet werden.

Den größten Unternehmen eines Marktes ist bei der Messung der Gesatmkonzentration eines Marktes besonderes Gewicht beizumessen; deshalb wird der Hirschman-Herfindahl-Index vorgeschlagen. Liegt der Hirschman-Herfindahl-Index unter 1.000 Punkten, sollten zusätzlich Dominanzmaße zur Konzentrationsmessung eingesetzt werden. Kann durch ein Dominanzmaß ein Oligopolkern oder ein marktbeherrschendes Unternehmen abgegrenzt werden, sollte der Zusammenschluß überprüft werden anhand weiterer Strukturmerkmale und des Marktverhaltens. Ergibt die Überprüfung, daß trotz hoher Konzentration Wettbewerb noch möglich ist, sollte der Unternehmenszusammenschluß gestattet werden. Ist kein Wettbewerb mehr möglich, und die Konzentration ist hoch,

1 Vgl. Piesch / Schmidt (1983), S.84 ff.

sollte der Zusammenschluß verboten werden. Erhält man einen Hirschman-Herfindahl-Index unter 1.000 Punkten, und kann von den Dominanzmaßen kein marktbeherrschendes Unternehmen und kein oligopolistischer Kern abgegrenzt werden, sollte ein Unternehmenszusammenschluß gestattet werden.

Als weiteres summarisches Konzentrationsmaß wird der Exponentialindex vorgeschlagen.

Mit dem Hirschman-Herfindahl-Index kann die Gesamtkonzentration eines Marktes gemessen werden. Ein HHI-Wert von 1.000 Punkten, der einem symmetrischem Oligopol von 10 gleichgroßen Unternehmen entspricht, kann als kritischer Schwellenwert angenommen werden.

Soll die Bedeutung des größten Unternehmens, der vier größten und der acht größten Unternehmen erfaßt werden, sollten die entsprechenden Konzentrationsraten verwendet werden, als kritische Schwellenwerte sollten CR_1=35%, CR_4=50% und CR_8=70% angesehen werden, da in diesen Fällen von einem Monopol bzw. einem Oligopol und somit von einer marktbeherrschenden Stellung auszugehen ist.

Wird nach einem Unternehmenszusammenschluß vom Hirschman-Herfindahl-Index oder einer der Konzentrationsraten ein Schwellenwert überschritten, sollten zusätzlich Dominanzmaße verwendet werden. Liegen die Konzentrationsmaße unterhalb der Schwellenwerte und können von den den Dominanzmaßen kein Oligopolkern und kein marktbeherrschendes Unternehmen abgegrenzt werden, sollte der Zusammenschluß erlaubt werden. Liegt eine Konzentrationsmaß oberhalb der Schwellenwerte oder kann von einem Dominanzmaß ein Oligopolkern oder ein marktbeherrschendes Unternehmen abgegrenzt werden,

Oligopolkern oder ein marktbeherrschendes Unternehmen abgegrenzt werden, sollte anhand weiterer Strukturmerkmale und des Marktverhaltens überprüft werden, ob Wettbewerbsgefährdung vorliegt. Ist Wettbewerb noch möglich, sollte der Zusammenschluß gestattet werden, ist kein Wettbewerb mehr möglich, sollte der Zusammenschluß verboten werden.

Mit Hilfe von Dominanzmaßen kann ein dominierendes Einzelunternehmen bzw. eine Kerngruppe von marktbeherrschenden Unternehmen gegenüber der Restgruppe abgegrenzt werden und mit Disparitätsmaßen der Grad der Ungleichverteilung der Marktanteile der Unternehmen innerhalb der Kerngruppe oder innerhalb der Restgruppe gemessen werden. Oligopolkerne können vermutet werden, wenn man Schwellenwerte kleiner gleich 10 erhält.

Ich schlage vor, als Dominanzmaße parallel den Anstiegsindex D_k^A, die Konzentrationskurvensehnenlänge D_k^S , das Hirschman-Herfindahl-Dominanzmaß D_k^{HHI}, das Linda-Dominanzmaß D_k^Q, mittlere Dominanz L_k^* und die relative mittlere Dominanz L_k zu verwenden.

Zur Ermittlung der Ungleichverteilung der Marktanteile der Unternehmen der Kerngruppe sollen die mittleren Dominanzen L_4^* und L_8^* herangezogen werden. Erhält man kleine Werte für diese mittleren Dominanzen, kann man auf eine hohe Interessensymmetrie der Unternehmen der Kerngruppe schließen, erhält man sehr große Werte, ist von der Marktbeherrschung eines Unternehmens auszugehen. Sind die Marktanteile aller Marktteilnehmer vorhanden, kann auch die mittlere Dominanz für die Restgruppe L_r^* bestimmt werden.

Sind die Schwellenwerte kleiner gleich 10, können oligopolistische Kerne abgegrenzt werden. Können Oligopolgruppen eindeutig abgegrenzt werden, sollten zusätzlich die auf sie entfallenden Marktanteile und die mittleren Dominanzen in den Kernen angegeben werden.

Für die Bestimmung des Beitrags einer Gruppe von Unternehmen zur Gesamtkonzentration oder zur Disaggregation der Konzentration einer Branche in der EG in die Konzentration zwischen den einzelnen EG-Ländern bzw. die Aggregation der gewichteten Konzentration innerhalb der einzelnen EG-Länder sollte der Exponential-Index eingesetzt werden. Besteht das Untersuchungsziel in der Analyse der Auswirkungen von Fusionen, sollte ebenfalls der Exponential-Index eingesetzt werden, da andere Konzentrationsmaße nicht über diese Disaggregationseigenschaft verfügen. So werden Fusionen von den Konzentrationsmaßen teilweise überhaupt nicht erfaßt und beim Hirschman-Herfindahl-Index wirken sie multiplikativ. Besteht das Untersuchungsziel hingegen in der Beobachtung monopolistischer und oligopolistischer Marktstrukturen, sollten der Hirschman-Herfindahl-Index und die Konzentrationsraten eingesetzt werden.

Falls die erforderlichen statistischen Daten vorhanden sind, sollten auch Veränderungen in der Rangfolge der Marktanteile der Marktanteile im Zeitablauf berücksichtigt werden (Mobilität).

Im Falle eines dominierenden Einzelunternehmens haben die Konzentrations- und Dominanzmaße starken Indizcharakter. Hat ein Unternehmen beispielsweise einen Marktanteil von 35%, und das nächstgrößere einen erheblich geringeren, was durch einen Schwellenwert von 1 angezeigt wird, liegt mit hoher Wahrscheinlichkeit eine marktbeherrschende Stellung vor. Bei dominierenden Einzelunternehmen ist ein Unternehmenszusammenschluß zu untersagen, wenn ein Konzentrationsmaß den Schwellenwert überschreitet bzw. ein Dominanzmaß ein marktbeherrschendes Unternehmen abgegrenzt.

Im Falle von Oligopolgruppen haben Konzentrations- und Dominanzmaße einen geringeren Indizcharakter, da der Einfluß anderer Strukturmerkmale ein größeres Gewicht hat als im Falle des dominierenden Einzelunternehmens; d. h., wenn ein Konzentrationsmaß den Schwellenwert überschritten bzw. ein Dominanzmaß den Schwellenwert unterschritten hat, muß anhand weiterer Strukturmerkmale untersucht werden, ob Wettbewerb noch möglich ist, da trotz hoher Werte der Konzentrationsraten und des Hirschman-Herfindahl-Index es häufig noch zu erheblichem Wettbewerb kommt.

Außerdem muß das Erreichen des kritischen Konzentrationsbereiches rechtzeitig verhindert werden. Eine Konzentrationspolitik, die Unternehmenszusammenschlüsse bis zur Schwelle der Marktbeherrschung i.S. des Art. 1.51 der amerikanischen Fusionsrichtlinien bzw. § 22 GWB bzw. Art. 86 EWGV gestattet, muß als wettbewerbspolitisch verfehlt betrachtet werden, da die geringste Änderung der Marktstruktur - z. B. durch überproportionales internes Wachstum - ein Umschlagen von einer gerade noch kompetitiven in eine nicht mehr kompetitive Marktstruktur bewirken würde. Ich schlage deshalb vor, daß mehrere Konzentrationsmaße verwendet werden, und daß, wenn ein Schwellenwert überschritten wird, die Rechtmäßigkeit des Zusammenschlusses anhand weiterer Strukturmerkmale überprüft wird.

7.4. Die Notwendigkeit einer zusätzlichen Berücksichtigung qualitativer Kriterien bei der Konzentrationsmessung

Das Überschreiten bzw. Unterschreiten eines oder mehrerer Schwellenwerte sollte nicht per se als Wettbewerbsgefährdung angesehen werden, sondern eine Überprüfung weiterer qualitativer Faktoren auslösen. Marktanteilsdaten widerspiegeln nicht immer treffend die Existenz und die Quellen der Marktmacht der

Unternehmen. Marktanteilsdaten können zwar zur Gewinnung von ersten Aussagen über den Konzentrationsgrad eines Marktes herangezogen werden, sie sollten jedoch nicht als einziges Entscheidungskriterium für die Genehmigung oder das Verbot eines Unternehmenszusammenschlusses verwendet werden, da sie beispielsweise nichts über die Macht eines Unternehmens aussagen, andere Marktteilnehmer vom Markt zu verdrängen oder Markteintrittsbarrieren zu errichten. Wird nach einem Unternehmenszusammenschluß einer oder mehrere Schwellenwerte überschritten bzw. unterschritten, kann dies zwar als Anzeichen für eine Wettbewerbsgefährdung angesehen werden, der Zusammenschluß sollte jedoch nicht allein deswegen verboten werden, da Effizienzgewinne im Vergleich zu den Nettowohlfahrtsverlusten überwiegen können, auf einem konzentrierten Markt aufgrund fehlender Markteintrittsbarrieren trotzdem Wettbewerb entstehen kann etc. Die Entscheidungen der Behörden sollten also nicht alleine auf Marktanteilsdaten beruhen, sondern auch auf der Analyse weiterer Merkmale der relevanten Märkte, die die Ausübung von Marktmacht unwahrscheinlich machen.

Literaturverzeichnis

ABA Antitrust Section (1986):
Monograph No.12, Horizontal Mergers: Law and Policy (1986)

Abott, Lawrence (1958):
Qualität und Wettbewerb, München 1958

Adelman, Morris A. (1969):
Comment on "H" Concentration Measure as a Numbers-Equivalent, in: Review of Economics and Statistics, vol.51 (1969), S.99-101

Alpert, Geraldine / Kitt, Howard P. (1984):
Is Structure All?, in: Antitrust Law Journal, vol.53 (1984), S.255-268

Arndt, Helmut: (1958): Anpassung und Gleichgewicht am Markt, in: Jahrbücher für Nationalökonomie und Statistik, Band 170 (1958), S.217 ff.

Arndt, Helmut / Ollenburg, Günter (1971):
Begriffe und Arten der Konzentration, in: Arndt, Helmut: Die Konzentration in der Wirtschaft, 2.Auflage. Schriften des Vereins für Socialpolitik, Neue Folge, Band 20/I, Berlin 1971, S.3-39

Arquit, Kevin J. (1992):
Merger Analysis in the 90's: The Guidelines and Beyond, in: Antitrust Law Journal, vol.61 (1992), S.118-138

Bain, Joe S. (1951):
Relation of Profit Rate to Industry, in: Quarterly Journal of Economics, vol.65 (1951), S.293-324

Bain, Joe S. (1966):
International Differences, in Industrial Structure New Haven, London 1966

Baker, Tyler A. (1981):
Special Assistant to the Assistant Attorney General in: Changing Currents in the Antitrust Enforcement are Probed by Government Officials, Practioners, in: BNA: Antitrust & Trade Reg. Rep. No. 1940. Nov.19 1981, A-2-A-5

Baker, Tyler A. (1984):
The 1984 Justice Department Guidelines, in: Antitrust Law Journal, vol.53 (1984), S.327-33

Bartling, Hartwig (1980):
Leitbilder der Wettbewerbspolitik, München 1980

Baum, Clemens (1976): Die Messung der Unternehmenskonzentration und ihre statistischen Voraussetzungen in der Bundesrepublik Deutschland, Meisenheim/Glan 1976

Baxter, William F. (1982):
A Department of Justice Perspective, in: Antitrust Law Journal, vol.51 (1982), S.287-293

Baxter, William F. (1983):
Responding to the Reaction: The Draftman's View, in: California Law Review, vol.71 (1983), S.618-631

Bihn, Willi R.. (1967):
Die informationstechnische Messung von Struktursystemen des internationalen Handels. Grundlage und statistische Methoden, Freiburg 1967

Bork, Robert H. (1978): The Antitrust Paradox: A Policy at War with Itself, New York 1978

Bradburd, Ralph M. / Over, A. Mead (1981):
Organizational Costs, "Sticky Equilibria" and Critical Levels of Concnetration, in: Review of Economics and Statistics, vol.63 (1981), S.50-58

Brozen, Yale (1977):
The concentration-collusion doctrine, in: Antitrust Law Journal, vol.46 (1977), S.826-863

Bruckmann, Gehart E. (1969):
Einige Bemerkungen zur statistischen Messung der Konzentration, in: Metrika, 14. Jahrgang (1969), S.183-213

Bruckmann, Gerhart E. (1991):
Konzentrationsmessung, in: Bleymüller, Josef, Gehlert, Günther, Gülicher, Herbert: Statistik für Wirtschaftswissenschaftler, 7. überarbeitete Auflage, München 1991, S.189-194

Calkins, Stephen (1983):

The New Merger Guidelines and the Herfindahl-Hirschman-Index, in: California Law Review, vol.71 (1983), S.402-429

Campbell, Thomas J. (1982):

New Merger Guidelines: The FTC, in: Antitrust Law Journal, vol.51 (1982), S.295-306

Canada (1968):

Statistics Canada, Industrial Organization and Concentration in the Manufacturing, Mining and Logging Industries, Ottowa 1968

Clanton, David A. (1983):

Focusing the Inquiry: Specifity in the Merger Guidelines and Elsewhere, in: California Law Review, vol.71 (1983), S.430-444

Cohen, Neil B. / Sullivan, Charles A. (1983):

The Herfindahl-Hirschman-Index and the New Antitrust Merger Guidelines: Concentrating on Concentration, in: Texas Law Review, vol.62 (1983), S.453-508

Collins, Norman, Preston, Lee (1968):

Concentration and Price-Cost Margins in Manufacturing Industries, Berkeley 1968

Dalton, James E. / Penn, David W. (1976):
The Concentration-Profability Relationship: Is There a Critical Concentration Ratio?, in: Journal of Industrial Economics, vol. 25 (1976), S.133-142

Deffaa, Walter (1981):
Die Berücksichtigung monopolistischer und oligopolistischer Strukturen, Institut für Volkswirtschaftslehre, Universität Hohenheim, 1981

Deffaa, Walter (1982):
Die Berücksichtigung monopolistischer und oligopolistischer Strukturen in der statistischen Konzentrationsmessung, in: Allgemeines Statistisches Archiv, 66. Jahrgang (1982), S.324-340

Demsetz, Harold (1978):
Wirtschaftswissenschaften als Leitfaden für die Antitrustregelung, in: Assmann, Heinz-Dieter / Kirchner, Christian, Schanze, Erich (Hrsg.): Ökonomische Analyse des Rechts, Kronberg/Taunus 1978, S.330-34ß

Department of Justice and Federal Trade Commission (1992):
Horizontal Merger Guidelines, in: Antitrust & Trade Regulation Report, vol.62 (1992), Special Supplement

Edwards, Steven M. / Joffe, Robert D. / Kolasky, William J. / McGowan, John J. / Mendez-Penate, Carlos E. / Ordover, Janusz A. / Proger, Philip A. / Solomon, Louis M. /Toepke, Utz P. (1991):
Proposed Revision of the Justice Department's, in: Columbia Law Review, vol.81 (1991), S.1543-1581

Ehlermann, Claus-Dieter (1991):
Die Europäische Fusionskontrolle - erste Erfahrungen, in: Wirtschaft und Wettbewerb, 41. Jahrgang (1991), S.535-545

Elzinga, Kenneth G. / Hogarty, Thomas F. (1973):
The Problem of Geographic Market Delineation, in: Antitrust Bulletin, vol.18 (1973), S.45-81

Finkelstein, Michael O., Friedberg, Richard M. (1966):
The Application of an Entropy Theory of Concentration to the Clayton Act, in: Yale Law Journal, vol.76 (1966), S.677-719

Fisher, Franklin M. (1987):
Horizontal Mergers: Triage and Treatment, in: Journal of Economic Perspectives, vol.1 (1987), S.23-40

Fox, Eleonor M. (1982):
The new merger guidelines - a blueprint for microeconomic analysis, in: Antitrust Bulletin, vol.27 (1982), S.519-591

Franke, Jürgen (1985):
Messung der wirtschaftlichen Konzentration, in: Das Wirtschaftsstudium, 14. Jahrgang (1985), S.207-212

Fürst, Gerhard (1960):
Konzentration der Betriebe und Unternehmen, in Arndt, Helmut: Die Konzentration in der Wirtschaft, Schriften des Vereins für Socialpolitik, Neue Folge, Band 20/I, Berlin 1960, S.71-178

Geithman, Frederick E. / Marvel, Howard P. / Weiss, Leonard W. (1981):
Concentration, Price and Critical Concentration Ratios, in: Review of Economics and Statistics, vol.63 (1981), S.346-353

Gini, Corrado (1910):
Indice di concentrazione e di dependenza, Biblioteca dell'Economista, vol. 20, Turin 1910

Glais, Michel (1992):
L'application du règlement communautaire relatif au controle de la concentration: premier bilan, in: Revue d'Économie industrielle, Nr.60 (1992), S.94-115

Greenfield, Jay (1984):
Beyond Herfindahl: Non-Structural Elements of Merger Analysis, in: Antitrust Law Journal, vol.53 (1984), S.229-254

Grossack, Irvin M. (1965):
Towards an Integration of Static and Dynamic Measures of Industry Concentration, in: Review of Economics and Statistics, vol.47 (1965), S.301-308

Hall, Marshall / Tideman, Nicolaus (1967):
Measures of Concentration, in: Journal of the American Statistical Association, vol.62 (1967), S.162-168

Häni, Peter E. (1987):
Die Messung der Unternehmenskonzentration. Eine theoretische und empirische Evaluation von Konzentrationsmaßen, Grüsch 1987

Harris, Robert G. / Jorde, Thomas M. (1983):
Market Definition in the Merger Guidelines: Implications for Antitrust Enforcement, in: California Law Review, vol.71 (1983), S.464-496

Hart, Peter E. / Prais, Steven J. (1956):
The Analysis of Business Concentration: A Statistical Approach, in: Journal of the Royal Statistical Society, vol. 119 (1956), S.150-191

Hause, John C. (1977):
The Measurement of Concentrated Industrial Structure and The Size Distribution of Firms, in: Annals of Economic and Social Measurement, vol.6 (1977), S.73-107

Herdzina, Klaus (1990):
Einhundert Jahre Antitrust in den USA - Grundzüge und Entwicklungstrends, in: Das Wirtschaftsstudium, 19. Jahrgang (1990), S.518-523

Herdzina, Klaus (1991):
Wettbewerbspolitik, 3. überarbeitete Auflage, Stuttgart 1991

Herfindahl, Orris C. (1950):
Concentration in the U.S. Steel Industry, Columbua University 1950

Hildenbrand, Werner / Paschen, Herbert (1964):
Ein axiomatisch begründetes Konzentrationsmaß, in: Statistische Informationen, 5. Jahrgang (1964), Nr.3, S.53-57

Hirschman, Albert O. (1945):
National Power and the Structure of Foreign Trade, 1945

Horowitz, Ann R. (1972):
Suggestion for a Comprehensive Measure of Concnetration: Comment, in: Southern Economic Journal, vol.38 (1972), S.602

Horowitz, Ann R. / Horowitz, Ira (1965):
Firms in a Declining Market: The Brewing Case, in: Journal of Industrial Economics, vol.13 (1965), S.129-153

Horowitz, Ann R. / Horowitz, Ira (1968):
Entropy, Markov Processes and Competition in the Brewing Industry, in: Journal of Industrial Economiccs, vol.16 (1968), S.196-211

Horowitz, Ira (1971):
Numbers-Equivalents in U.S. Manufacturing Industries: 1954, 1958 and 1963, in: Southern Economic Journal, vol.37 (1971), S.396-408

Horvath, Janos (1970):
Suggestion for a Comprehensive Measure of Concentration, in: Southern Economic Journal, vol.36 (1970), S.446-452

Jackson, Thomas (1992):
Penfield Merger Analysis in the 90's: The Guidelines and Beyond-Judicial Perspective, in: Antitrust Law Journal, vol.61 (1992), S.165-169

Jacquemin, Alexis / Buigues, Pierre / Ilzkovitz, Fabienne (1989):
Horizontale Konzentration, Fusionen und Wettbewerbspolitik in der Europäischen Gemeinschaft, Kommission der Europäischen Gemeinschaften, Nr.40 (1989)

Jacquemin, Alex P. / Kunz, Anne-Marie (1971):
Changes in the Size Structure of the Largest European Firms: An Entropy Measure, in: Journal of Industrial Economics, vol.20 (1971), S.59-70

James, Charles A. (1993): Overview of the 1992 Horizontal Merger Guidelines, in: Antitrust Law Journal, vol.61 (1993), S.447-457

Jöhnk, Max Detlef (1970):
Eine axiomatisch begründete Methode der Konzentrationsmessung, Institut für angewandte Statistik der Freien Universität Berlin 1970

Kamerschen, David R. (1965):
American Antitrust Policy: At the Half-Way House, in: Antitrust Bulletin, vol. 10 (1965), S.879-891

Kamerschen, David W. (1969):
The Determination of Profit Rates in Oligopolistic Industries, in: Journal of Business, vol.42 (1969), S.293-301

Kauper, Thomas E. (1983):
The 1982 Horizontal Merger Guidelines: Of Collusion, Efficiency and Failure, in: California Law Review, vol.71 (1983), S.497-534

Kellerer, Hans / Schaich, Eberhard (1971):
Statistische Probleme der Erfassung von Konzentrationsphänomen, in: Arndt, H. (Hrsg.): Die Konzentration in der Wirtschaft, 2. Auflage, Berlin 1971, Band 1, S.41-74

Kilpatrick, Robert W. (1967):
The Choice among Alternative Measures of Industrial Concentration, in: Review of Economics and Statistics, vol.49 (1967), S.258-260

Kolasky, William J. (1988):
Current Developments: Merger Enforcement by States and Private Parties, in: Antitrust Law Journal, vol.56 (1988), S.839-854

Kommission der Europäischen Gemeinschaften (1990a):
Verordnung (EWG) Nr.4064 / 89 des Rates vom 21.Dezember 1989 über die Kontrolle von Unternehmenszusammenschlüssen, veröffentlicht in: EG-Amtsblatt Nr.L 257 vom 21.09.1990, abgedruckt in: Kontrolle von Unternehmenszusammenschlüssen im Gemeinschaftsrecht, Bulletin der Europäischen Gemeinschaften 2/90

Kommission der Europäischen Gemeinschaften (1990b):
Formblatt CO zur Anmeldung eines Zusammenschlusses der Verordnung (EWG) Nr.4064/89 des Rates, abgedruckt in: Kontrolle von Unternehmenszusammenschlüssen im Gemeinschaftsrecht, Bulletin der Europäischen Gemeinschaften, Beilage 2/90

König, Heinz (1961):
Diskussionsbeitrag, in: Niehans, Jürg: Round-Table-Gespräch über Messung der industriellen Konzentration, in: Neumark, Fritz (Hrsg.): Die Konzentration in der Wirtschaft. Schriften des Vereins für Socialpolitik, Neue Folge, Band 22, Berliin 1961, S.384-387

Krakowski, Michael (1991):
Wettbewerbspolitik versus Industriepolitik, in: Wirtschaftspolitik, 71. Jahrgang (1991), S.272

Krattenmaker, Thomas / Pitofsky, Robert (1988):
Antitrust merger policy and the Reagan administration, in: Antitrust Bulletin, vol.33 (1988), S.211-232

Kwoka, John E. (1979):
The Effect of Market Share Distribution on Industry Performance, in: Review of Economics and Statistics, vol.61 (1979), S.101-109

Kwoka, John E. (1991):
International Joint Venture: General Motors and Toyota, in: Kwoka, John E., White, Lawrence: The Antitrust Revolution, Glenview (Ill.) 1991, S.46-79

Landes, William M. / Posner, Richard A. (1981):
Market Power in Antitrust Cases, in: Harvard Law Review, vol.94 (1981), S.937-996

Linda, Remo (1976):
Methodology of Concentration Analysis Applied to the Study of Industries and Markets, Commission of the European Communities, Brüssel 1976

Lorenz, M.O. (1905):
Methods of Measuring the Concentration of Wealth, in: Journal of the American Statistical Association, vol.9 (1905), S.209-219

Marfels, Christian (1971a):
Absolute and Relative Measures of Concentration Reconsidered, in: Kyklos, 24.Jahrgang (1971), S.753-766

Marfels, Christian (1971b):
Einige neuere Entwicklungen in der industriellen Konzentration, in: Metrika, 17. Jahrgang (1971), S.69-81

Marfels, Christian (1971c):
A Guide to the Literatur on the Measurement of Industrial Concentration in the Post-War Period, in: Zeitschrift für Nationalökonomie und Statistik, 31. Jahrgang (1971), S.483-506

Marfels, Christian (1972):
On Testing Concentration Measures, in: Zeitschrift für Nationalökonomie, 32. Jahrgang (1972), S.461-486

Marfels, Christian (1977):

Erfassung und Darstellung industrieller Konzentration: Statistische Grundlagen und Möglichkeiten, Baden-Baden 1977

Marfels, Christian (1979):

The Impact of Foreign Trade on Concentration Levels: Empirical Findings for Canadian Manufacturing Industries and for the Steel Industries of Four Countries, in: Antitrust Bulletin, vol.24 (1979), S.129-147

Marfels, Christian (1980):

Konzentrationskraft und Marktstruktur: Statistische Aussagekraft versus ökonomische Anwendbarkeit, in: Henn, Rudolf / Schips, Bernd / Stähly, Paul (Hrsg.): Quantitative Wirtschafts- und Unternehmensforschung, Ergebnisband des St. Galler Symposiums 1979, Berlin, Heidelberg, New York 1980, S.271-285

Marshall, Alfred (1956):

Principles of Economics, 8. Auflage, London 1956

Marshall, Alfred / Olkin, Ingram (1979):

Inequalities: Theory of Majorization and Its Applications. Academic Press 1979

Maurer, Andreas (1990):

Statistische Verfahren zur Ermittlung von oligopolistischen Kernen, Frankfurt/Main 1990

McGrath, J. Paul (1984):
Assistant Attorney General, Antitrust Division: Memorandum to D. Lowell Jensen, Acting Deputy Attorney General, 1984

Meehan, James W. / Duchesneau, Thomas D. (1973):
The Critical Level of Concentration: An Empirical Analysis, in: Journal of Industrial Economics, vol.22 (1973), S.21-35

Miller, Richard A. (1982):
The Herfindahl-Hirschman Index as a market structure variable: an exposition for antitrust practioners, in: Antitrust Bulletin, vol.27 (1982), S.593-618

Monopolkommission (1976):
1. Hauptgutachten (1973/1975). Mehr Wettbewerb ist möglich, Baden-Baden 1976

Monopolkommission (1978):
2. Hauptgutachten 1976/1977: Fortschreitende Konzentration bei Großunternehmen, Baden-Baden 1978

Monopolkommission (1980):
3. Hauptgutachten 1978/1979: Fusionskontrolle bleibt vorrangig, Baden-Baden 1980

Monopolkommission (1992):
9. Hauptgutachten 1990/1991: Wettbewerbspolitik oder Industriepolitik, Anlagenband, Baden-Baden 1992

Mueller, Dennis C. (1986): Das Antitrustrecht der Vereinigten Staaten am Scheidewege, in: Wirtschaft und Wettbewerb, 36. Jahrgang (1986), S.535-555

Münzner, Hans (1963):
Probleme der Konzentrationsmessung, in: Allgemeines Statistisches Archiv, 47. Jahrgang (1963), S.3-9

Ordover, Janusz A. / Baker, Jonathan B. (1992):
Entry Analysis under the 1992 Horizontal Merger Guidelines, in: Antitrust Law Journal, vol.61 (1992), S.139-146

Ordover, Janusz A. / Willig, Robert D. (1982):
The 1992 Department of Justice Merger Guidelines, An Economic Assessment, in: California Law Review, vol.71 (1982), S.535-574

Paschen, Herbert / Buyse, Raphael (1971):
Zur Messung der Betriebs- und Unternehmenskonzentration, in: Allgemeine Statistische Hefte, 12. Jahrgang (1971)

Pautler, Paul A. (1983):
A Guide to the Herfindahl Index for Antitrust Attorneys, in: Research in Law and Economics, vol.5 (1983), S.167-190

Piesch, Walter (1975):
Statistische Konzentrationsmaße, Tübingen 1975

Piesch, Walter (1980):

Disparitäts- und Konzentrationsmessung - Eine Übersicht mit neuen Ergebnissen, in: Diskussionsbeiträge aus dem Institut für Volkswirtschaft, Universität Hohenheim, Nr. 2, 1980

Piesch, Walter (1982):

Einige statistische Aspekte des konzentrationsanalytischen Studienprogramms der Europäischen Gemeinschaft, in: Piesch, W., Förster, W. (Hrsg.): Angwandte Statistik und Wirtschaftsforschung heute, Ausgewählte Beiträge, Göttingen 1982, S.127-144

Piesch, Walter (1983) :

Einige Überlegungen zur Abgrenzung oligopolistischer Kerne mit Hilfe von Dominanzmaßen, in: Enke, Harald (Hrsg.): Struktur und Dynamik der Wirtschaft, Beiträge zum 60. Geburtstag von Karl Brandt, Freiburg/Breisgau 1983, S.499-512

Piesch, Walter (1985):

Zur Abschätzung des Klassierungseffekts bei Disparitäts- und Streuungsmaßen mit Hilfe von aggregierten Rechteck-Verteilungen, in: Statistik zwischen Theorie und Praxis. Festschrift für K.A. Schäffer zur Vollendung seines 60. Lebensjahres, hrsg. von Buttler, Günter, Dickmann, Heinrich, Helten, Elmar, Vogel, Friedrich, Göttingen 1985, S.157-171

Piesch, Walter / Schmidt, Ingo (1983):
Die Verwendbarkeit von Konzentrationsmaßen in der europäischen Wettbewerbspolitik, Brüssel, Luxemburg 1983 (= Kommission der Europäischen Gemeinschaft, Sammlung Studien, Reihe Wettbewerb und Rechtsangleichung, Nr.35)

Polatejew, I.A. (1964):
Kybernetik, 3.Auflage, Berlin 1964

Posner, Richard A. (1969):
Oligopoly and the Antitrust Laws, in: Stanford Law Review, vol.21 (1969), S.1562 ff.

Posner, Richard A. (1989):
Antitrust Law: An economic Perspective, Chicago 1976

Reitzner, Rudolf N. (1989):
Fusionskontrolle - ein Instrument der Wirtschaftspolitik, in: Wirtschaft und Gesellschaft, 15. Jahrgang (1989), S.407-422

Rhoades, Stephen A., / Cleaver, Joe M. (1973):
The Nature of the Concentration-Price Cost Margin Relationship for 352 Manufacturing Industries: 1967, in: Southern Economic Journal, vol. 40 (1973), S.90-102

Robinson, Joan (1969):
The Economics of Imperfect Competition, 2. Auflage, London, New York 1969

Rohardt, Klaus Peter (1991):
Die europäische Fusionskontrolle beginnt Gestalt anzunehmen, in: Wirtschaft und Wettbewerb, 41. Jahrgang (1991), S.365-383

Rosenbluth, Gideon (1955):
Measures of Concentration, in: Business Concentration and Price Policy, National Bureau of Economic Research, Special Conference Series, No.5, Princeton 1955, S.57-99

Rosenbluth, Gideon (1961):
Diskussionsbeitrag, in Niehans, Jürg: Round Table-Gespräch über Messung der industriellen Konzentration, in: Neumark, Fritz (Hrsg.): Die Konzentration in der Wirtschaft, Schriften des Vereins für Socialpolitik, Neue Folge, Band 22, Berlin 1961, S.367-395

Rule, Charles F. / Meyer, David L. (1990):
Toward a Merger Policy that Maximizes Consumer Welfare: Enforcement By Careful Analysis, not by the Numbers, in: Antitrust Bulletin, vol.35 (1990), S.251-295

Salop, Steven C. (1986):
Practices That (Credibly) Facilitate Oligopoly Coordination, in: Stiglitz, Joseph E. / Mathewson, Frank E. (Hrsg.): New Developments in the Analysis of Market Structure, Cambridge: MIT Press 1986

Salop, Steven C. (1987):
Symposiums on Mergers and Antitrust, in: Journal of Economic Perspectives, vol.1 (1987), S.3-12

Sant, Donald D. (1978):

A Polynomial Approximation for Switching Regressions with Application to Market Structure-Performance Studies, Federal Trade Commission staff working paper, Washington D.C., 1978

Schaich, Eberhard / Ruff, Albert (1977):

Zur Problematik der Anwendung statistischer Verfahren der Konzentrationsmessung, in: Allgemeines Statistisches Archiv, 61. Jahrgang (1977), S.199-127

Schaich, Eberhard / Wisniewski, Marian (1990):

Sensitivitätsanalyse von Disparitätsmaßen, in: Allgemeines Statistisches Archiv, 74. Jahrgang (1990), S.457-488

Scherer, Frederick M. (1980): Industrial Market Structure and Economic Performance, 2. Auflage, Boston 1980

Schmidbauer, Herbert (1974):

Allokation, technischer Fortschritt und Wettbewerbspolitik, Tübingen 1974

Schmidt, Ingo (1965):

Relevanter Markt, Marktbeherrschung und Mißbrauch in Paragraph 22 GWB und Art.86 EWGV, in: Wirtschaft und Wettbewerb, 15. Jahrgang (1965), S.452-494

Schmidt, Ingo (1990a):

Wettbewerbspolitik und Kartellrecht. Eine Einführung, 3. Auflage, Stuttgart 1990, S.46

Schmidt, Ingo (1990b):
Die Europäische Fusionskontrollverordnung, in: Wirtschaftsdienst, 70. Jahrgang (1990), S.90-95

Schmidt, Ingo / Ries, Wolfgang (1983):
Der Hirschman-Herfindahl-Index (HHI) als wettbewerbspolitisches Instrument in den neuen US-Fusionsrichtlinien 1982, in: Wirtschaft und Wettbewerb, 33. Jahrgang (1983), S.525-534

Schneider, Erich (1972):
Einführung in die Wirtschaftstheorie, II. Teil, 13. Auflage, Tübingen 1972, S.68

Schwartzman, David (1959):
Effect of Monopoly on Price, in: Journal of Political Economy, vol. 67 (1959), S.352 ff.

Shannon, Claude E. (1948):
A Mathematical Theory of Communication, in: Bell System Technical Journal, vol.27 (1948), S.379-423, S.623-656

Smith, William (1982):
Remarks to the Spring Meeting of the ABA Antitrust Section (1982), reprinted in Antitrust & Trade Reg. Rep. (BNA), vol.42, S.760 ff.

Sohn, Michael N. (1992): Failing and Flailing Firms: Merger Analysis in a Time of Recession, Changing Technology and International Competition, in: Antitrust Law Journal, vol.61 (1992), S.155-164

Spaetling, Dieter (1970):
Zur Messung der wirtschaftlichen Konzentration und des Wettbewerbsgrades. Über einige neue Maße der wirtschaftlichen Konzentration, in: Konjunkturpolitik, Zeitschrift für angewandte Konjunkturforschung, 16. Jahrgang (1970), S.241-262

Stackelberg, Heinrich von (1934):
Marktform und Gleichgewicht, Wien, Berlin, 1934

Statistisches Amt der Europäischen Gemeinschaften (1970):
N.A.C.E. (Allgemeine Systematik der Wirtschaftszweige in den Europäischen Gemeinschaften, Luxemburg 1970

Stigler, George F. (1968):
The Organization of Industry, Homewood (Ill.) 1968, S.59

Theil, Henri (1967):
Economics and Information Theory, Amsterdam 1967

Triffin, Robert (1940):
Monopolistic Competition and General Equilibrium Theory, Cambridge (Mass.), 1940

Turner, Donald F. (1982):
Observations on the Merger Guidelines and the 1968 Merger Guidelines, in: Antitrust Law Journal, vol.51 (1982)

United Nations (1968):

International recommendations for industrial statistics, Statistical Papers, Series M, no. 48, New York 1968

Warren-Boulton, Frederick R. (1985):

Merger Policy and Enforcement at the Antitrust Division, The Economist's View, in: Antitrust Law Review, vol.54 (1985), S.109-115

Weinstock, David S. (1982):

Using the Herfindahl Index to measure concentration, in: Antitrust Bulletin, vol.27 (1982), S.285-301

Weinstock, David S. (1984):

Some little-known properties of the Herfindahl-Hirschman-Index: problems of translation and specification, in: Antitrust Bulletin, vol.29 (1984), S.705-717

Weiss, Avi (1989):

Using the Efficiency Defense in Horizontal Mergers, Discussion Paper 8926, Department of Economics and Business Administration, Bar Ilan University, Ramat Gan 1989

Werden, Gregory J. (1983):

Market Delineation and the Justice Department Guidelines, in: Duke Law Journal (1983), S.514-579

Werner, Kurt (1965):
Die Industriestatistik in der Bundesrepublik Deutschland, 2. Auflage, Berlin 1965

White, Lawrence J. (1976):
Searching for the Critcal Industrial Concentration Ratio, in: Goldfield, Stephen / Quandt, Richard E.: Studies in Non-Linear Estimation, Cambridge (Mass.) 1976, S.61 ff.

Williamson, Oliver E. (1968):
Economies as an Antitrust-Defense: The Welfare Trade-Offs, in: American Economic Review, vol.58 (1968), S.18-42

Zuckerman, Jeffrey I. (1989):
The FTC's Approach to Merger Analysis: Is Anyone out there Paying Attention?, in: Antitrust Law Journal, vol.57 (1989), S.115-124

Zwer, Reiner (1986):
Industrielle Wirtschafts- und Sozialstatistik, 2. aktualisierte und erweiterte Auflage, München, Wien 1986